古典文獻研究輯刊

二九編

潘美月・杜潔祥 主編

第 27 冊

國故新語（第二冊）

司馬朝軍 著

國家圖書館出版品預行編目資料

國故新語（第二冊）／司馬朝軍 著 — 初版 — 新北市：花木
蘭文化事業有限公司，2019〔民 108〕
目 6+172 面；19×26 公分
（古典文獻研究輯刊 二九編；第 27 冊）
ISBN 978-986-485-966-5（精裝）
1. 漢學 2. 研究考訂
011.08   108012009

ISBN-978-986-485-966-5

9 789864 859665

古典文獻研究輯刊
二九編　第二七冊　　　　　　　ISBN：978-986-485-966-5

國故新語（第二冊）

作　　者　司馬朝軍
主　　編　潘美月　杜潔祥
總 編 輯　杜潔祥
副總編輯　楊嘉樂
編　　輯　許郁翎、王筑、張雅淋　美術編輯　陳逸婷
出　　版　花木蘭文化事業有限公司
發 行 人　高小娟
聯絡地址　235 新北市中和區中安街七二號十三樓
　　　　　電話：02-2923-1455／傳眞：02-2923-1452
網　　址　http://www.huamulan.tw 信箱 hml810518@gmail.com
印　　刷　普羅文化出版廣告事業
初　　版　2019 年 9 月
全書字數　546423 字
定　　價　二九編 29 冊（精裝）　新台幣 58,000 元　　版權所有・請勿翻印

國故新語（第二冊）

司馬朝軍　著

輯二　序跋

【四庫學之什】

《〈四庫全書總目〉研究》前言

　　《四庫全書總目》〔註 1〕（以下簡稱《總目》）共二百卷，它是《四庫全書》的解題目錄。《總目》與《四庫全書》的關係非常密切。〔註 2〕《總目》不僅是中國古代書目編纂的里程碑，而且闡明學術，考鏡源流，成爲中國古代最爲重要的學術文化史。周中孚《鄭堂讀書記》云：「自漢以後，簿錄之書，無論官撰、私著，凡卷第之繁富，門類之允當，考證之精審，議論之公平，莫有過於是編。」〔註 3〕余嘉錫曾非常精闢地指出：「今《四庫提要》敘作者之爵里，詳典籍之源流，別白是非，旁通曲證，使瑕瑜不掩，淄澠以別，持比向歆，殆無多讓。至於剖析條流，斟酌今古，辨章學術，高挹群言，尤非王堯臣、晁公武等所能望其項背。故曰自《別錄》以來才有此書，非過論也。故衣被天下，沾溉靡窮。嘉、道以後，通儒輩出，莫不資其津逮，奉作指南，

〔註 1〕本書引自《總目》者，除少數地方特別說明外，一般指殿本《總目》。

〔註 2〕臺灣學者楊晉龍説：「《總目》和《全書》是連體嬰，無法截然二分。同時《全書》的內容是一本一本成形的書，爲何要著錄或捨棄這些書？著錄的書有哪些版本、內容上的問題？存目的書何以不被收錄等等及《全書》無法說明的事實，都得靠《總目》來說明解釋；而且二者的棄取原則、評價標準，也並無差別……就書的內容而言，《全書》沒有《總目》存目一類的書，所以兩者有些差別；就其主旨而言，兩書是二而一，《總目》隸屬於《全書》。就研究的對象言，它們是兩個領域；就其內在的指導思想言，二者並無差別；不過就研究的重點論，《全書》只是事實的呈現，所以如此呈現的原因，必待《總目》說明才能比較清楚；《全書》是就舊存而刪改（改少刪多），《總目》則是原創，比較能見其所以然的緣由，因此《總目》在研究上的重要性，似乎較《全書》更具價值。」（楊晉龍：《「四庫學」研究的反思》，《中國文哲研究集刊》1994 年第 4 期。）

〔註 3〕周中孚：《鄭堂讀書記》卷三二。

功既鉅矣，用亦弘矣。⋯⋯然而漢、唐目錄書盡亡，《提要》之作，前所未有，足爲讀書之門徑，學者捨此，莫由問津。」〔註4〕正因爲《總目》具有如此重大的學術價值，二百年來，一代又一代的學者對它進行了大量的研究。

關於《總目》的研究大致可以分爲三個時期。

（一）十九世紀。《總目》問世之後，即受到廣泛關注：「《提要》二百卷，使讀者展閱了然。蓋自列史藝文、經籍志及《七略》、《七錄》、《崇文總目》諸書以來，未有閎博精審如此者。」〔註5〕「凡六經傳注之得失，諸史記載之異同，子集之支分派別，罔不抉奧提綱，溯源徹委⋯⋯考古必衷諸是，持論務得其平。」〔註6〕一時洛陽紙貴，好評如潮。乾嘉諸老中也有少數人對《總目》間懷不滿，如錢大昕撰寫了大量的序跋，多與《總目》暗中較勁。姚鼐讀了《總目》之後大爲光火，在寫給朋友的書信中對於紀昀大加攻擊。道、咸以降，學術界對《總目》的態度隨之發生明顯變化，「信之者奉爲三尺法，毀之者又頗過當」〔註7〕，如方東樹《漢學商兌》一書，指桑罵槐，攻擊漢學不遺餘力，其矛頭所向直指《總目》。

（二）二十世紀前半期。此期對《總目》進行研究的人數較多，如孫德謙、陳垣、余嘉錫、胡玉縉、劉國鈞、夏承燾、錢穆、金毓黼、王重民、楊家駱、陳樂素、郭伯恭、黃雲眉等，尤以陳垣、余嘉錫、王重民、楊家駱爲代表。陳垣曾通讀《四庫全書》，他與人倡議影印《四庫全書》原本提要，並考證《于文襄公手札》。其《中國佛教史籍概論》成稿於抗日戰爭時期，既是佛教目錄的名著，更是糾補《總目》的力作，對《總目》有關佛教史籍部分的錯誤一一予以糾正。另外，《編纂四庫全書始末》等系列論文對於瞭解《總目》纂修過程也頗具參考價值。余嘉錫以研究《總目》著稱，他自稱：「余治此有年，每讀一書，未嘗不小心以玩其辭意，平情以察其是非。至於搜集證據，推勘事實，雖細如牛毛，密如秋荼，所不敢忽。」〔註8〕《四庫提要辯證》在糾補《總目》的缺失方面，最爲精審。此書重點放在史、子、集三部，而對經部所下工夫不多。余氏在考辨古書眞僞方面比《總目》推進了一大步，這是《四庫提要辯證》的最主要的貢獻。但余嘉錫的研究方法似嫌單一，僅

〔註4〕余嘉錫：《四庫提要辯證・序錄》，第48～51頁。
〔註5〕王昶：《湖海詩傳》卷一六。
〔註6〕阮元：《紀文達公遺集序》，《紀文達公遺集》卷首。
〔註7〕余嘉錫：《四庫提要辯證・序錄》，第48頁。
〔註8〕余嘉錫：《四庫提要辯證・序錄》，第52頁。

爲糾謬補偏。在具體的辯證過程中，似有如下不足之處：一是未弄清《總目》的作者問題，錯誤地將《總目》歸於紀昀一人之作；二是未弄清《總目》的版本問題，他根據的本子屬浙本系統，因而犯了「不必辨而辨」的考據大忌；三是余氏的爲學宗旨與《總目》截然不同，《總目》重漢輕宋，排擊朱子不遺餘力，而余氏重視朱子，每每詆斥《總目》。余嘉錫的《辯證》是此期影響最大、成就最高的代表之作，長期以來成爲後學景仰的典範之作。胡玉縉的《四庫全書總目提要補正》採用資料匯輯的方式，對《總目》進行全面補正。原稿雖成於抗戰以前，但到 1964 年才由王欣夫整理出版，故其影響無法與余嘉錫比肩。王重民以版本目錄學家、敦煌學家享譽中外，他在《總目》研究方面亦實爲一大重鎮。此期他編纂了《四庫抽毀書提要稿》和《辦理四庫全書檔案》。其《中國善本書提要》與《中國善本書提要補編》雖不專爲攻駁《總目》而作，但在糾補《總目》謬誤方面所取得的成就，可與余嘉錫、胡玉縉鼎足而三。楊家駱對《總目》的研究別開生面，他放棄了傳統考據學的研究路數，首次以「新的哲學、新的知識論、新的方法論施之於古老的《四庫全書》」，並將《總目》改造成《四庫大辭典》與《四庫全書學典》。此外，郭伯恭的《四庫全書纂修考》〔註 9〕、任松如的《四庫全書答問》、周雲青的《四庫全書提要敘箋》、錢穆的《四庫提要與漢宋門戶》等，或對諸問題的研究狀況加以介紹，或就各個問題的方面發表自己的新解。這些研究成果，對於初涉《總目》的人來說，可作爲入門的嚮導，對於專家來說，可供參考，均不同程度地推動了《總目》的研究。

　　（三）二十世紀後半期。大陸地區五、六十年代的《總目》研究仍是故轍未改。余嘉錫修訂出版了《四庫提要辯證》，胡玉縉的《四庫全書總目提要補正》也於此期問世。王重民此期發表了兩篇重要的論文——《論四庫全書總目》、《跋影印本〈四庫全書總目〉》。1980 年以後，《總目》的研究又漸成熱潮，出現了兩部補正力作——崔富章的《四庫提要補正》和李裕民的《四庫提要訂誤》。崔著《補正》以追蹤版本來源爲其特色。崔氏還對傳世《總目》版本進行過仔細考辨，其研究結論極具參考價值。李著《訂誤》主要貢獻在於：對《總目》中考之未詳之處（尤其是著者生平未詳之處）進行考證，並糾正了余嘉錫的多處錯誤。周積明在《總目》研究方面發表了一系列的論著，

〔註 9〕該書第十一章討論《總目》，分「編纂之經過」與「總目提要與原書提要之繁
　　　簡」兩節。

其《文化視野下的〈四庫全書總目〉》〔註10〕從文化角度切入，視角比較新穎。周氏後撰《紀昀評傳》，其「思想篇」基本上是對前著的重複。周氏的局限之處主要在於，他將《總目》的著作權歸於紀昀一人。這既違反中國目錄學史、編撰學史的基本常識，也沒有詳細考察《總目》的編纂過程，似有武斷之嫌；他強調文化解碼，眼光較為敏銳，但基本上忽視了《總目》的學術方法與學術貢獻。此外，此期有特色的論文還有：曹之《〈四庫全書總目〉分類五十五例》和《〈四庫全書總目〉不是版本目錄嗎》、黃愛平《四庫全書纂修研究》〔註11〕、周少川《〈四庫全書總目〉論史書編纂》、張新民《論〈四庫全書總目〉的學術批評方法》等。

臺、港地區專攻《總目》者頗為罕見。劉兆祐《四庫著錄元人別集提要補正》主要是補胡、余二氏之不足。在昌彼得、喬衍琯、嚴耕望、楊家駱、吳哲夫、王汎森等的指導下，出現了一批學位論文，如許文淵《清修四庫全書之目錄學》、莊德輝《四庫全書總目經部研究》、李孟晉《四庫著錄唐人別集二十種提要考》、顧力仁《永樂大典及其輯佚書研究》、張維屏《紀昀與乾嘉學術》等。楊晉龍發表了「四庫學」系列論文，其《「四庫學」研究的反思》是一篇較好的綜述，對以往研究過程中存在的問題進行了比較全面的檢討。他呼籲改變研究方式，直接從《總目》內容的「瞭解」上著手。

縱觀《總目》研究史，證枝葉者多，考大體者少；論外圍者多，探內路者少。研究方法也非常單一，大體限於考證一途。時至今日，尚未見有人全面系統地研究《總目》，因此有必要對《總目》進行一次全面發掘。

筆者首先從《總目》的編纂背景入手，探討《總目》的作者問題與版本問題，然後從文獻學的角度全面探討《總目》的學術內涵，主要是從分類學、目錄學、版本學、辨偽學、輯佚學等學科出發，最後總結《總目》在考據學上的成敗得失。需要說明的是，《總目》中有關校勘學的內容比較龐雜，且需與《四庫全書》結合起來研究才能說明問題，因此本文不列專章討論，有關內容在相關章節附帶討論。另外，我在博士論文初稿中探討過《總目》的思想傾向，這一部分挖掘不夠，內容比較單薄。在定稿時接受了李學勤先生、阮芳紀先生的建議，暫時將這部分刪掉，以便把研究視角集中在文獻學方面。

〔註10〕該書1991年由廣西人民出版社出版，2001年中國青年出版社又出版了修訂本。
〔註11〕該書第十二、三章討論《總目》，涉及《總目》的編纂《總目》與纂修官原撰提要、閣書提要的比較、《總目》的目錄學成就以及思想內容等。

《〈四庫全書總目〉研究》後記

　　《四庫全書總目》千門萬戶，宛如一座巨大的迷宮。多年來，筆者置身其中，暗中摸索，幾乎找不到出口，探索的艱辛眞是難以言狀。此書是我在四庫學研究方面的嘗試之作。

　　首先，我要感謝導師曹之先生。曹先生原名「曹直」，出生苦寒，性情古拙，彷彿羲皇上人，然命途多舛，生世悲涼，他在「十年浩劫」中更是被懷疑爲「反革命分子」，蒙受冤案，隔離審查，因而遭受種種非人的待遇，飽受摧殘，可謂九死一生。即使在文革結束之後的很長時期，他的檔案中都裝滿了亂七八糟的黑材料，使他難以逃脫魔掌。經過此番無妄之災，他憤然將名字改爲「曹之」，因其人生道路不是呈現「直」形，而是呈現「之」形。他從「死地」逃脫出來，以超乎常人的毅力，在圖書文獻學的領域辛勤耕耘，推出了一系列力作，開創了一個新的學派──「圖書文化史學派」。曹先生當年挺身而出，拍案而起，據理力爭，奮力爲我爭取入學機會，我因此成爲他的開門弟子。他不僅將我推向學術研究的前沿陣地，而且把我引向高遠寧靜的人生境界。我曾經在送給他審閱的博士論文的扉頁上寫了一行獻詞──「謹以此作獻給吾師曹之先生」，他竟大筆一揮，將此句重重劃去。他嚴於律己，爲自己定下了許多「規矩」，如他拒絕爲學生的著作作序，在升職、升等的關鍵時刻拒絕爲學生打招呼，拒絕這，拒絕那，拒絕一切庸俗化的做法，似乎不近人情，以致很多人對他敬而遠之。我對他的某些「規矩」與觀點也不完全認同，但始終對他心存敬畏。他不幸晚年失憶，無法繼續著書，他那些宏大的研究計劃被迫擱淺，實足哀憫！我每次去看他，只能緊緊地握著那雙厚重的大手，相對無語，暗暗感歎天道不測，造化弄人！

其次，我要感謝另外一位業師——李步嘉教授。他在我攻博期間，特爲開設校勘學課程，口傳心授，啓發良多。命筆之時，數請益於步嘉先生，「小扣輒發大鳴，實歸不負虛往」（語見錢鍾書《管錐編序》）。初稿完成後，他又爲審閱部分章節，並提出了一些非常中肯的修改意見。2003 年暑假期間，先生鍵戶不出，全力趕寫《〈吳越春秋〉校釋》與《〈吳越春秋〉研究》兩部專著，不幸身染沉疴，竟至一病不起，遽返道山。彼蒼者天，殲我良師！

最後，我要向所有幫助過我的學界前輩及師友們致謝。猶記 2000 年秋天，在北京訪學期間，得到學術界眾多前輩時賢的熱情接待和大力賜教，他們是國家圖書館館長任繼愈研究員、中國社會科學院歷史研究所李學勤研究員、中國科學院文獻情報中心孟廣均研究員、北京大學信息管理系周文駿教授與吳慰慈教授、北京大學古文獻研究所孫欽善教授等。臺灣昌彼得先生、林慶彰先生贈予大量參考資料。浙江大學古籍整理研究所崔富章教授賜函指導。上海圖書館歷史文獻研究所（後調上海社科院信息所）王世偉研究員、武漢大學文學院（後調上海大學文學院）楊逢彬教授、北京大學古文獻研究所漆永祥博士幫助提供參考資料。

四庫學是一塊誘人的處女地，是一座亟待深度開發的學術寶藏。我們不得不迎難而上，奮力拓荒。這是一塊充滿希望的土地，也許還要經過幾代人的耕耘才能蔚爲大國。但我堅信，四庫學將迎來輝煌的明天。

2000 年 1 月～2001 年 4 月初稿於武漢大學
2002 年 8 月～2003 年 7 月修改於復旦大學
2003 年 8 月～2004 年 1 月三稿於武漢大學
2019 年 4 月 23 日世界讀書日修改於旅途

《〈四庫全書總目〉研究》補記

　　很快有機會寫這篇補記，首先得感謝《東方歷史學術文庫》學術評審委員會與編輯委員會，該委員會同意資助出版的評審結論，使拙著得以廁身 2003 年度《東方歷史學術文庫》。中國史學會東方歷史研究中心主持的這套叢書，扶輪大雅，推進學術，提攜後進，嘉惠學林，目前在學術界聲譽日隆，有口皆碑。拙著能夠入選這套高品位的叢書，倍感榮幸。該叢書遵循「由專家推薦、經編委初審、評委終審並無記名投票通過」的選優原則，這使我對該文庫的編委、評委們更加深懷敬意，並對他們推進學術的公心表示由衷的敬佩。

　　撰寫本書的宗旨，是試圖從文獻整理的角度出發，即以分類學、目錄學、版本學、辨偽學、輯佚學、考據學等現代學術視野，全面深入地考察《總目》，力圖對其內涵作一次全面發掘。就具體研究而言，則力求窮盡性地佔有資料，在此基礎上致力於發掘內證，運用辯證的方法、文獻計量的方法、比較的方法和綜合的方法，宏觀與微觀相結合，歷時與共時相結合，實證與理論分析相結合，以期在若干重大問題上發前人所未發。在研究過程中，時有舉鼎絕臏之虞。值得慶幸的是，當時沒有半途而廢，而是咬緊牙關寫出論文初稿。

　　本書是在我的博士論文的基礎上修改而成的。我的博士論文由北京大學周文駿教授、孫欽善教授、復旦大學吳金華教授評審，三位專家很快為拙文撰寫了評審意見。博士論文答辯委員會由中國科學院孟廣均研究員、北京大學吳慰慈教授、武漢大學彭斐章教授、謝灼華教授、陳傳夫教授、羅紫初教授和華中師範大學周國林教授組成。各位先生在評閱、評審意見中，或在本人論文答辯過程中，都提出了不少中肯的意見或建議。阮芳紀先生一次次通過電話、傳真，不厭其煩地傳達《東方歷史學術文庫》學術評審委員會以及

他本人的意見。這些意見和建議，我在修改過程中大多加以參考利用。現借拙著出版之際，謹向以上各位專家以及社會科學文獻出版社的編輯們致以衷心謝忱。

本書在我的博士論文的基礎上作了較大幅度的修改，如關於《總目》的思想傾向一章，思考還有失縝密，一時無法作全面改寫，以後若有機會再行探究。原來一些不夠成熟的章節，本次也予以刪除，容日後再作專題討論。此外，博士論文第一章業已擴充成爲《〈四庫全書總目〉編纂考》，這是我在復旦大學的博士後出站報告。博士論文的有關章節經過深化與完善後也以專題論文的形式收入到我的另外一部論文集《文獻辨偽學研究》之中。

有道是：「只問耕耘，不問收穫。」寒來暑往，春秋代序，我在四庫學這片熱土上盡力揮灑汗水。儘管所獲欠豐，仍然得到了學界不少前輩與同行的熱情鼓勵和充分肯定。但我也頗有自知之明，深知自己的研究還處於初級階段，還須花大力氣開疆拓土。限於時間與水平，本書的不足之處，實屬難免，尚祈海內外方家不吝賜教！

2004 年 1 月 12 日記於武漢大學觀衢軒

《四庫全書總目編纂考》自序

　　四庫開館，拉開了中國文化史上既輝煌而又沉重的一幕。四庫館臣，皆為一時之選，他們代表了一個時代，他們形成了一大學派。他們中的佼佼者，又成為後人景仰不已的一代宗師。乾嘉諸老，雖然與我們相隔整整兩個世紀，但他們留給我們的是寶貴的精神遺產。他們製造了文化長城——《四庫全書》，同時，留下了《四庫全書總目》這一座豐碑。一代知識精英，會聚四庫館中，如切如磋，如琢如磨，吞吐萬家，評騭古今，草創之，討論之，潤色之。十年冷板凳，磨就一利劍。他們用心血和汗水澆鑄出一部跨越時空的皇皇巨著，留下了一把打開學術之門的鑰匙。多少後來者利用它步入神聖的學術殿堂。這把鑰匙是如何打造出來的？是紀昀一人所為嗎？是清高宗一人所定嗎？現在，我們應該實事求是地對諸色人等在《總目》編纂過程中的貢獻作出評價，回到具體的歷史語境之中，以戴震還之戴震，以翁方綱還之翁方綱，以紀昀還之紀昀，以陸錫熊還之陸錫熊，以于敏中還之于敏中，以清高宗還之清高宗。只有如此，才能談得上客觀公正。

　　進行這一專題研究，採用了「竭澤而漁」的方法，即研究任何一個問題，首先要把材料網羅無遺，多多益善，然後各個擊破，進行由此及彼、由表及裏、去粗取精、去偽存真的探究。這一方法看似笨拙，但卓見成效。我首先編製了一份四庫館臣的著作目錄，然後踏上征程，按圖索驥，在上海、北京、南京、武漢等地的各大圖書館查閱館臣文集。一頁又一頁，一冊又一冊，一函又一函，透過泛黃的故紙，企圖尋覓二百年前四庫館臣留下的點點滴滴的雪泥鴻爪。令人遺憾的是，絕大多數的館臣沒有留下蛛絲馬跡，成為名副其實的「沉默的大多數」。有時候，我一連好多天都找不到一條有用的材料，也

曾有過不少苦惱，甚至擔心能不能及時完成這一課題。尋尋覓覓，冷冷清清，探尋的結果並不是「淒淒慘慘切切」，而是大量的原始材料被淘了出來。伴隨著一次次的發現，也就有了一次次的驚喜。

本書將用材料說話，主要使用傳統考據學的方式、方法，不厭其煩地向大家展示大量的第一手材料。這些材料對於《總目》編纂研究也許是有用的。同時，我們也會透過材料，發現一些問題，解決一些難題，並試圖在學理上有所提升，有所突破。

近年來，筆者從事四庫學研究，得到了學術界前輩時賢的大力扶持和熱情鼓勵。除在本書後記中所提到的各位先生之外，還有清華大學傅璇琮教授，中國社會科學出版社原總編輯王俊義教授，日本金澤大學李慶教授，社會科學文獻出版社宋月華編審，復旦大學中文系傅傑教授，山東大學文史哲研究院鄭傑文教授、王承略教授，武漢大學中國傳統文化研究中心馮天瑜教授、郭齊勇教授、陳文新教授、吳根友教授等。

也曾聽到了一些肯定的聲音，在歷次國家級、省部級項目的申報與結項過程中，同行評審專家大都給予本人以熱情而友好的評價。特別是全國哲學社會科學規劃辦公室在《2004 年 10 月份成果驗收情況報告》中稱：「復旦大學古籍研究所司馬朝軍副教授主持完成的《〈四庫全書總目〉與文獻整理研究》，是國內外第一部從文獻整理角度系統研究《四庫全書總目》的專著。成果資料豐富，方法科學，觀點多有創新，結論基本可靠，其學術價值和應用價值已得到學術界權威人士的充分肯定。」這對筆者是莫大的鼓勵和鞭策。我將繼續努力，以嚴肅認真的學術研究報答學界！

最後，我要感謝《武漢大學學術叢書》編審委員會的各位先生。他們的公正評選，使本書得以躋身這一代表武漢大學學術水準的高品位叢書之林。我的許多師友正是通過這一窗口走向學壇，走向世界。我為能加盟這一方陣深感榮幸。感謝武漢大學出版社社長陳慶輝教授對本人研究工作的熱情肯定和大力支持。感謝責任編輯陶佳珞編審為本書的出版所付出的辛勤勞動。

2005 年 4 月 30 日初稿
2018 年 11 月 22 日修訂

〔補記〕

鄭騫先生在《燕臺述學序》中說：「作考據本是極費精神時間的事，而且很容易『打岔』，常因尋檢某問題的資料而岔到另一問題上去，結果是游騎無歸，本末俱廢。又容易流於餖飣瑣碎，為一點枝節而遍稽群書；姚姬傳曾譏之云，『搜殘舉碎，所得幾何？』我寫作四十年而成績不過如此，懶散無恒心之外，『歧路亡羊』與『不賢識小』也都是原因之一。」這實在是深知個中三昧的經驗之談。在數據庫時代，盛行「e 考據」，表明上比以前方便，實際上大數據更容易「打岔」，常因尋檢某問題的資料而岔到另一問題上去，在虛擬空間飄來飄去，往往忘記初心，「游騎無歸」。職是之故，我一般抓大放小，從問題出發，緊緊抓住主要矛盾或矛盾的主要方面，將次要矛盾或矛盾的次要方面暫時放在一邊，以收勢如破竹之效。

《〈四庫全書總目〉編纂考》後記

　　本書是我在復旦大學中國語言文學博士後流動站從事博士後研究所取得的成果。感謝復旦大學給予我的這次極為難得的研究機會，使我得以優游斯文，大開眼界。復旦大學中文站專家組各位先生在開題報告和中期報告上的大力指點，使我茅塞頓開，得以及時調整好研究思路。專家們的諄諄教誨，令我銘感五內。謹向章培恒、王水照、朱維錚、嚴修、黃霖、吳金華、朱立元、陳思和、陳正宏等先生致以衷心的感謝！

　　北京大學周文駿先生、孫欽善先生、吳慰慈先生，中國科學院孟廣均先生，中國社會科學院王煦華先生、黃長著先生、阮芳紀先生，武漢大學曹之先生，浙江大學崔富章先生，南京大學徐有富先生，臺灣淡江大學吳哲夫先生等學界前輩與時賢對我的研究工作給予了熱情鼓勵。

　　世紀之交，搜集資料還極為不易，如同戰士踏上漫漫征途，四處訪書訪學，坐的是綠皮車，吃的是方便麵，睡的是地下室，為了多看一點珍稀資料，少不了遭受白眼，甚至吃閉門羹，真的是歷盡了千辛萬苦——我們這一代學者就是這樣熬出來的！國家圖書館、中國科學院圖書館、北京大學圖書館、南京圖書館、上海圖書館、復旦大學圖書館為查找資料提供了諸多便利。上海圖書館為我提供了當時尚未正式上架的翁方綱提要稿，這是王世偉先生特別關照的結果，令人終生難忘。

　　從讀博士到現在，前後五年，我把幾乎全部的熱情都獻給了四庫學。繼博士論文《四庫全書總目研究》之後，我又完成了這份博士後報告。與此同時，我已將博士論文中的辨偽學部分擴充為《文獻辨偽學研究》。我還發表了四庫學方面的系列論文。這些論著相繼問世後，在學術界業已引起了一些反

響。今後，我將繼續完成《四庫全書總目匯考》、《四庫提要與文獻整理》、《四庫提要與乾嘉學術》等系列課題，為四庫學的宏偉大廈添磚加瓦。

作家路遙在《早晨從中午開始》一文中說：「儘管創造的過程無比艱辛而成功的結果無比榮耀；儘管一切艱辛都是為了成功，但是，人生最大的幸福也許在於創造的過程，而不在於那個結果。」這是多麼精闢的悟道之言！它曾經像火把一樣引領我走過死寂的黑夜。儘管學術研究與文學創作有所不同，但都是從事立言之偉業，二者在終極目標上可謂曲徑通幽。路遙又說：「我不能這樣生活了。我必須從自己編織的羅網中解脫出來。當然，我絕非聖人。我幾十年在飢寒、失誤、挫折和自我折磨的漫長歷程中，苦苦追尋一種目標，任何有限度的成功對我都至關重要。我為自己牛馬般的勞動得到某種回報而感到人生的溫馨。我不拒絕鮮花和紅地毯。但是，真誠地說，我絕不可能在這種過分戲劇化的生活中長期滿足。我渴望重新投入一種沉重。只有在無比沉重的勞動中，人才會活得更為充實。」我也必須從自己編織的「四庫學」羅網中解脫出來。我一口氣在「四庫學」方面出了一個系列，但經過深刻反思，發現這是一條虛妄之路！我的這些著作曾經在學界產生過一些影響，不免誤人，我為此惴惴不安。我必須開闢新的戰場，在更為崎嶇的道路上披金斬棘，在更為艱深的領域探尋文化之根。探索之路雖然異常艱辛，但苦中有樂，我將埋頭苦幹，力爭走出一條自己的新路。展望未來，我更加充滿信心。

2003 年 5 月 19 日初稿於復旦大學
2005 年 4 月 7 日定稿於武漢大學
2018 年 11 月 22 日修改於復旦大學

《四庫全書總目精華錄》自序

　　予自弱冠以還，轉益多師，博訪當代通人，略窺爲學之門徑。戊寅之秋，始專攻《四庫全書總目》，且以博涉《四庫全書》爲日課。古人云：「觀水必觀於海，觀其會也。」予更下一轉語：「觀書必觀於《總目》，觀其書海之會也。」是書也，提要鉤玄，考鏡源流，殘膏剩馥，沾漑百代。然《四庫全書》著作浩繁，匯五千年文化而爲一煌煌巨帙。四部之籍，一隙難窺，雖深刻如周樹人，淵博如錢默存，亦不免望洋而歎。或云：「《四庫全書》可置之不讀也，然《總目》不可不讀也。」斯言信不誣也。

　　讀《總目》者，恰似飲河之鼠，各充其量而已。現代史家呂誠之，平日慣於通讀大書，但於《總目》亦僅畢經、史、子三部，於集部提要讀其半而中輟矣。《總目》囊括大典，貫串萬家，未易可窺測藩籬，況堂奧乎？予頻年籀讀《總目》，手不釋卷，循環誦之，其初如涉大海，浩無津涯，孰辨淄澠涇渭，而千門萬戶，宛若迷宮，既三復其書，然後稍敢獻疑焉。《總目》洵爲《四庫全書》之津逮，然終因其卷帙浩大，通讀爲難。至於澄汰沙礫，披檢精英，勢在必行。是以《精華錄》之編纂，早成弦上之箭矣。然鄭箋未作，解人難索。老師宿儒，期之甚殷。友人門生，促之尤切。然則注釋之學，古今所難，先哲言之備矣，而予以爲莫難於注釋《四庫提要》。何則？學必貫四部而窮七略，一也；事必數典，二也；語必溯源，三也；非集眾人之長，殆未易得其全體，其所以爲難，抑又其次也。余能薄而材譾，何敢預注者之選？若不奮力刪述，豈不愧用司馬之姓氏！遙想當年，史遷發憤，溫公枕木，《史記》《通鑑》，先後輝映，眞可謂留取丹心照汗青矣。試問吾家雄風而今安在哉？於是蹶然而起，焚膏繼晷，臥薪嚐膽，兀兀如愚，如聾如啞，如牛如馬，如癡如醉，通讀《總目》已難記遍數矣。

　　是錄之纂也，首以《總目》釋《總目》，次以《四庫全書》釋《總目》，復以《四庫全書》外之群書釋《總目》。讀書破萬卷，下筆豈敢亂言哉！有契於心，輒箋其下，積數千條焉。昔胡三省於《通鑒》竭畢生之力，有溫公諍臣之目。然身之嘗曰：「人苦不自覺，前注之失，吾知之，吾注之失，吾不得而知也。」誠哉注書之難也！然樂亦在其中矣。人或不堪其難，予則不改其樂。因前人之導路，乘檢索之便利，越三祀而成此書矣。

　　書成之日，年屆不惑，一時百感交集，哽咽久之，似有骨鯁在喉，不吐不快也。今吐之為詩，聊以紀事抒懷云爾。詩曰：

　　　　四庫全書歎久訛，三年懇苦事研磨。
　　　　誰云戴震知音少，未許乾隆讀典多。
　　　　義理從今勤辨析，辭章由昔費摩挲。
　　　　總憐朋舊微鍾子，傴臥湖山看薜蘿。

2007 年 8 月 8 日書於海上之光華樓

《〈四庫全書總目〉精華錄》後記

疇昔戴震苦心結撰《孟子字義疏證》，而一時解人難索，知音可謂尠矣。紀昀暮年有句曰：「曾讀人間未見書。」身為四庫館總纂官，讀書可謂夥矣。予治四庫之學，既仰慕東原精湛之思，亦步趨紀、陸宏博之業。《四庫全書總目》以紀、陸二氏及乾嘉博雅同修，復經清高宗欽定，本當無復遺恨矣。予反覆讀之，魯魚豕亥，亦復不少也。雖迭經余嘉錫、胡玉縉諸君子考索，仍有掃葉未盡之歎，益知學問之無窮也。

曩撰《黃侃年譜》成功之日，曾信誓旦旦，許下弘願：「甘為絕學傳薪火，甘為乾嘉作殿軍。」繼而草定計劃，擬撰「四庫提要研究三書」──《匯纂》一也，《匯考》二也，《詳注》三也。此《精華錄》之成，乃三書之先導也。

詩言志，歌詠言，故綴四言，聊奮藻以散懷：

東臨大海，夢縈天路。天路萬里，萬里壯遊。
壯遊四海，以寫我憂。我憂日去，杜門潛修。
澡雪精神，神與古遊。我本楚狂，歌嘲孔丘。
笑傲百氏，不事王侯。王侯將相，寧有種乎？
五斗之米，可折腰乎？歸去來兮，請息絕遊。
任情自適，無所繫留。破帽遮顏，漏船載酒。
浮遊江湖，徜徉山谷。一燈熒然，時還讀書。
二三素心，昕夕群處。楊子沖澹，師子高古。
吳子豪放，臭味相投。竹林諸子，亦師亦友。
亦步亦趨，乾嘉諸老。實事求是，治學法寶。
溫故知新，康莊大道。上求下索，旁搜遠紹。

誠通千古，精騖八表。冷淡生涯，妻啼子號。
房產股票，全不了了。世故人情，拋諸雲霄。
任人欺紿，貿焉莫曉。胸羅萬卷，不值一毛。
著書千萬，蓋醬覆瓿。出無轎車，食無鱖魚。
老父憐子，小女思父。獨居索處，甘爲蠹魚。
三年食貧，莫我肯顧。揚子逐貧，韓愈送窮。
一不乞巧，二不求榮。門可羅雀，小鮮獨烹。
躲進小樓，處困而亨。文王演易，衝出困境。
既濟未濟，寵辱不驚。易衍儒道，生生不已。
儒道互補，剛柔相濟。上士聞道，勤而行之。
我本下士，聞道大笑。尋數行墨，屎中覓道。
道在何處，天涯海角。神龍無首，虛無縹緲。
碧落黃泉，渺不可見。不惑之年，狂臚文獻。
四庫之門，氣象萬千。經史子集，別有洞天。
洞庭漁夫，神遊桃源。忘路遠近，盤桓留連。
坐擁書城，勝似南面。手之舞之，人以爲癲。
足之蹈之，或以爲賢。其維愚人，復謂我僭。
呼馬爲馬，我已忘言。兀兀窮年，宣髮盈顚。
日夜喘息，菜色其面。我本愚人，敢希聖賢。
不見聖賢，我心悲傷。既見君子，我心則降。
昔賢往矣，國故式微。今我來思，泡沫灰飛。
人云亦云，屋下架屋。八股翻新，巧立名目。
朝立一題，暮成一書。牛溲馬勃，兼收並蓄。
東拼西湊，剪刀糨糊。儂搗糨糊，伊撒爛污。
厄言日出，魚目混珠。眞者不陋，陋者不眞。
淺陋之輩，以假亂眞。學者不學，術者有術。
學術不腐，精英不出。學術量化，大師躍出。
魯殿無靈，國鮮通儒。大盜公行，竊鉤者誅。
禮儀充足，然後廉恥。孔子之後，無眞孔子。
優孟衣冠，傖人如鯽。貌似鴻博，一無所知。
裝腔作勢，儼然經師。巨匠汗顏，侏儒無恥。

小人剝廬，碩果不食。剝床以膚，皮將不存。
君子豹隱，高士肥遁。眞理壟斷，敢曰平等？
話語霸權，敢曰爭鳴？權威核心，霸道橫行。
著述等身，氫氧合成。以水濟水，豈是學問！
風氣一開，臭不可聞。衛星大放，學術凋零。
雜道以偽，巧故萌生。偽學獨秀，羞言強盛。
信息爆炸，垃圾成堆。臭腐衝天，亢龍有悔。
斯文掃地，雅俗異位。絕學復興，吾誰與歸？

2007 年愚人節

《四庫提要導讀》自序

　　《四庫全書總目》既是中國古典目錄學的集大成之作，也是中國傳統文化全面梳理總結性質的巨著。二百年來，它也被公認爲無與倫比的經典。四庫學現在日益成爲國際漢學中的一門顯學，研究者不僅有中國學者，也有日本、美國及歐洲學者。研究論文與著作日益增多，近來不少高校的學位論文（包括碩士論文與博士論文）越來越喜歡從四庫中選題，也出現了一些較高質量的論著。

　　近十年來，我一直以四庫學爲主攻方向，先後完成了《四庫全書總目研究》、《四庫全書總目編纂考》、《四庫全書總目精華錄》等系列論著，成爲實實在在的四庫學研究的「專業戶」。2006 年春天，我在上海外國語大學進修外語期間，不期與彼岸出版策劃室的汪宇先生邂逅於麗娃河畔。一杯濁酒喜相逢，滬上相遇貴相知。話匣子一打開，他就提議由我承擔《四庫全書總目導讀》的編寫任務。我當時不自量力，欣然接受了。《總目》在傳統學術訓練中一直是一部必讀之作，自乾隆末年問世以來，它就成爲一盞學海導航的燈塔，引導一代又一代的學人升堂入室。曾幾何時，它也曾被冷落，少有問津，近年來似乎又有所轉向。學習經典之初，必須熟讀《總目》，否則終是亂讀。現在各大高校的人文學科又開始把經典訓練作爲重中之重。據悉，北京大學、復旦大學、南京大學、山東大學等名校紛紛開出了《四庫全書總目》「精讀」或「研讀」的課程。我也在武漢大學開設了相關的通識課程。選修這種課程的人很多，每次都在 300 人以上。社會上對於四庫學感興趣的朋友也不乏其人，讀者的來信常常給予我極大的鼓勵。要誦習、研究《總目》，非短篇小冊所能盡言。講到導讀，更非淺聞陋見所可勝任。爲了學生，爲了讀者，我必

須盡力編寫出一本「導讀」。我寫書喜歡追求個性，厭惡人云亦云。書中錯誤之處，在所難免，敬請批評指正。

我寫這本書，按照汪宇先生的提議，分為《導言》和《選讀》兩大部分。《導言》部分主要根據我的《四庫全書總目研究》、《四庫全書總目編纂考》兩本書稿；《選讀》部分主要是在《四庫全書總目精華錄》的基礎上加以濃縮，力求簡明扼要。因此，在某種程度上來說，本書可以看作我近十年四庫學研究的一個縮影。

乾嘉時期的一代知識精英，吞吐萬家，評騭古今，草創之，討論之，潤色之，用心血和汗水澆鑄出一部不朽巨著，為我們留下了一把打開學術寶庫的鑰匙。所有有志於跨入四庫殿堂的年輕人，是否渴望憑藉這把鑰匙打開中華傳統學術的寶庫呢？如果本書能夠對後來者有所助益，幫助他們瞭解《四庫全書總目》，進而引起他們的研究興趣，我將感到無比欣慰。

2007 年 11 月 4 日凌晨 1 點 33 分

〔注〕此書交付出版商多年，延誤至今。

《四庫提要導讀》後記

　　這是我的第四部關於《四庫全書總目》的著作，是在前三部書的基礎上濃縮而成的，因此成書較速。年過不惑，終日乾乾，獨處書齋，發憤著述，效法古人「坐冷板凳，吃冷豬肉」的「二冷精神」，又何其快哉！

　　熙熙攘攘，皆為利往。市場經濟，群起逐利。著述向稱雅事，今日亦不幸淪為稻粱之謀。文章不管多差，似乎只要在 SCI 之類露臉，就是權威文章，就是金科玉律，就好比衛星上了天，不得了，了不得！以刊物級別論文章優劣，真是具有「中國特色」！現在的權威崇拜可謂登峰造極，過去是「冷眼向洋看世界」，根本不把老外放在眼裏。現在又走向另外一個極端，一切向洋人看齊，好像外國的月亮也比中國的圓。過去是「階級鬥爭一抓就靈」，現在是「SCI（或譯為『愚蠢的中國人的觀念』）文章一抓就靈」！君不見，各種報表，都少了這種指標。它似乎成了當今學界的指南針、天平與槓杆，儼然是學術研究的第一推動力。有道是，世無英雄，遂使豎子成名。豎子當道，遂使學術凋零。嗚呼！豈不哀哉！豈不痛哉！如果不根治如此「愚蠢的中國人的觀念」，中國文化將永遠失掉話語權。這絕非聳人聽聞！

　　明年將是我的祖父鶴清公誕生一百週年和逝世二十週年。我從小在祖父的懷中長大，他臨終前還在喃喃地念叨著我的乳名，而我當時因在外地求學而失掉見他最後一面的機會。每念及此，不覺涕泗汍瀾。二十年來，惟有在夢中一次次與他老人家相逢。夢醒時分，總是追憶起祖父的身影。他是洞庭湖平原上一個地地道道的中國農民，終生勤勞，一輩子以種田、捕魚為生，歷盡人生艱辛。他曾一再告誡我：「勤有功，戲無益。」這些年來，他慈祥的目光好像一直在注視著我，那句顛撲不破的祖訓也一直激勵著我，令我奮進不已。

2007 年 11 月 17 日深夜記於珞珈山下

《四庫全書與中國文化》自序

　　《四庫全書》，談何容易！中國文化，談何容易！《四庫全書》與中國文化，談何容易！通識課程，更是談何容易！

　　筆者承擔此門通識課程，已多歷年所，每談之餘，深感不易！個中三昧，非親身經歷者絕難體會。下車伊始，年輕氣盛，不知深淺，不知輕重，率爾申報了這門課程，很快被批准立項，但很快就發現自己給自己下了套。這豈是能隨便開設的課程？老虎吃天，無處下口啊！教材無法編寫，課程無法正常開出，一度停了幾個學期，但校方一再催促上馬，只亮黃牌，不肯出示紅牌。立項容易撤消難，萬般無奈之下，只好硬著頭皮苦幹。自討苦吃，苦不堪言。令我稍感欣慰的是，數以千計的學生選修了這門課，他們給了我莫大的鼓勵與鞭策。教學相長，他們善意地為我提出了很多好建議。為了莘莘學子，我責無旁貸，必須編寫一本差強人意的教材。讓他們知道，除了聲光化電、時髦玩意，還有我中華固有之學術！上至天文，下至地理，三教九流，經史子集，無不在四庫這個大筐筐之中。有道是：「三十年河東，三十年河西。」有位大師依此預言——歷史的鐘擺正自西徂東，西方文化已經沒落，中國文化正在走向復興。善哉！善哉！果如其言，我輩不也躬逢其盛麼？

　　這是一本凝聚了許多聲音的複調之作。它的主調當然是中國文化。文化薪火，傳承匪易！除了授業、解惑，我們更注重傳道。孔子曰：「神而明之，存乎其人。」又曰：「人能弘道，非道弘人。」道不遠人，道在何方？道在《周易》，道在炎黃，道在孔孟，道在老莊，道在佛陀，道在岐黃，道在周秦，道在大唐，道在司馬，道在玄奘，道在菩提，道在東方，道在內聖外王之隙，道在諸子百家筆鋒之外，道在萬里大漠黃沙之間，道在無數仁人志士上下求

索尋尋覓覓之中。經以載道，史以載道，子以載道，集以載道。文以載道，四庫載道。一部《四庫全書》豈可小覷哉！因此，文化精神、君子人格也就成為本書反覆詠歎的小調。然捨此常談老調，中國文化又該如何重彈？老掉牙的故事聽了一千次，也許在聽第一千零一次時會有如醍醐灌頂，甘露灑心，令人頓時徹悟。在人人競言創新的語境下，我輩不合時宜，抱殘守缺，說來說去，全是聽膩了的老生常談。奈何！奈何！老調重彈，亦復談何容易耶？

老子云：「多言數窮，不如守中。」孔子云：「多聞闕疑，慎言其餘。」司馬遷云：「好學深思，心知其意。」此博大真人之寥寥數語，正是筆者拳拳服膺之治學宗旨。願與選修諸君共勉！

2009 年 7 月 4 日 0 時 6 分草於珞珈山下
2009 年 7 月 22 日日全蝕時分修訂於日月光華

《四庫全書與中國文化》後記

　　我在武漢大學講授「《四庫全書》與中國文化」課程已有數年，每次開講之初都有「一部《四庫全書》不知從哪裏講起」的感覺。登上一流校園的講臺，面對一流的學生，我總是「戰戰兢兢，如臨深淵，如履薄冰」。選修該門課程的同學日益增多，有時一個學期就達 400 人之多，他們的熱情甚高，一個個恨不得一口吸盡《四庫全書》，他們一再敦促我早點把課件做完。現在，在多位朋友的幫助下，這本教材終於趕出來了，一時頓生如釋重負之感。

　　我要感謝三位年輕朋友——周春健博士、柳燕博士和馮春教授。周春健博士是周國林教授的高足，他在赴中山大學哲學系任教之前，特地來看我，並送來了四本學術史方面的論著。我們一見如故，相見恨晚，最可惜的是，才聚談兩次就分開了。柳燕博士先後師從張林川教授、高華平教授，她的博士論文即以《四庫全書總目》集部為題。馮春教授長期在湖北中醫學院任教，在佛教文化與中醫文化方面道行不淺。今年早春時節，應春健博士之召，我們四人有過一次琴園雅集，聚談半日，專門討論如何編纂這本教材。他們摩拳擦掌，欣然承擔了寫作任務，解了我的燃眉之急。特別感謝武漢大學出版社陶洪蘊主任的精心審稿。我們深知，本書還存在諸多不足甚至錯誤之處，懇請大方之家批評指正。

2009 年 6 月 21 日於武漢大學四庫學研究所

《續修四庫全書雜家類提要》自題

　　2009 年 11 月，應清華大學中國古典文獻研究中心主任、原中華書局總編傅璇琮先生之邀，承擔《續修四庫全書》雜家類三百五十餘種提要之撰寫，夙興夜寐，披閱萬卷，歷時三載，數易其稿。書成之日，命之曰《續修四庫全書雜家類提要》。今又入選武漢大學國學院主編之《珞珈國學叢書》，將由商務印書館刊布單行本，喜而賦詩，自題其端：

　　　　三塗五苦誦詩騷，擬向空林運禿毫。
　　　　汲井心情羞綆短，吞舟氣象喜潮高。
　　　　鉤玄有法尖如隼，提要無方鈍似羔。
　　　　自是雜家評不得，解牛莫忘覓鸞刀。

2012 年 11 月 17 日於武漢大學四庫學研究中心

〔補記〕

　　歷代雜家類著作數量巨大，通讀為難，一般讀書人往往棄置一邊，或擇數種瀏覽而已，以免「五技鼠」之譏。「五技鼠」即鼫鼠。《荀子・勸學》：「螣蛇無足而飛，鼫鼠五技而窮。」《說文・鼠部》：「鼫，五技鼠也。能飛不能過屋，能緣不能窮木，能遊不能渡谷，能穴不能掩身，能走不能先人，此之謂五技。」段玉裁注：「《釋獸》：鼠屬有鼫鼠。孫炎云：五技鼠也。」自古至今，「五技鼠」都是被嘲諷的對象。某次，我偶然從一部紀錄片中看到，「五技鼠」一直被污名化，它具有神奇的技能，儘管它「能飛不能過屋，能緣不能窮木，能遊不能渡谷，能穴不能掩身，能走不能先人」，似乎樣樣不精，百不如人，其實它的特技一直沒有被人類發現——它擁有最先進的滑翔技巧，可以從山

林澗谷作自由滑翔，人類至今還造不出如此先進的仿生滑翔機！類似「五技鼠」的學問家，往往被嘲諷為「兩腳書櫥」，儘管他們博覽群書，修煉成為雜家，自由滑翔於知識的山林澗谷，卻得不到起碼的尊重！我勸世間讀書人，不妨也學五技鼠！

《續修四庫全書雜家類提要》後記

唐人韋應物《種藥》詩曰：

> 好讀神農書，多識藥草名。持縑購山客，移蒔羅眾英。不改幽
> 澗色，宛如此地生。汲井既蒙澤，插棱亦扶傾。陰穎夕房斂，陽條
> 夏花明。悅玩從茲始，日夕繞庭行。州民自寡訟，養閒非政成。

時過境遷，今人無法穿越時空，無復古趣，余喜其詩境，步其原韻，斗
膽擬之曰：

> 好讀雜家書，多識鳥獸名。負笈爲山客，刪述存精英。不改書
> 生色，每從死地生。掘地及泉根，縶寨亦扶傾。陰柔房中斂，陽剛
> 酒中明。悅玩從茲始，道多不同行。網民難無訟，養學望晚成。

借前人酒杯，澆自家塊壘。某南楚鄙人也，早年負笈珞珈，研習國故，敦心
六經，遊思文藻，始由章黃之學入門，近承乾嘉之緒，遠探大易之源，敬畏
聖賢，堅守正統，一以弘揚國學爲己任。生平無他嗜好，惟咀嚼經史，常有
餘味焉。尤好讀雜家書，嘗以數年之苦力，通讀《四庫全書》之雜家類，漸
悟治學之術──始而專，繼而雜，終則通。竊以爲，專家若無雜學工夫，恐
難成通人。近年網上偶聞批評之聲，然無力一一響應，無論大方之家，抑或
「碧玉小家」（「小家碧玉」專指女性，「碧玉小家」則不分男女，不分老少，
不分地域，實爲「小方之家」。本不當存分別之心，實在無法分類，故造此生
詞──作者自注），入吾室，操吾戈，以伐我，我當聞過則拜，決不輕易還擊。
子曰：「必也無訟乎！」此聖哲之法言，古今之至誠也。不佞學養不厚，惟有
終日乾乾，吞吐萬家，努力篇籍，發憤求明，寄望於晚成耳。

此書之成，消磨三年光陰。聞雞起舞，夜以繼日，閱盡《續修四庫全書》雜家類九十巨冊，復參考百家，提要鉤玄，眼界大開。坐冷板凳，讀冷僻書，不亦樂乎！承蒙傅璇琮先生不棄，此課題列入國家重點古籍整理項目《續修四庫全書總目》之子項目，不亦樂乎！此書甫脫稿，即蒙武漢大學國學院郭齊勇、吳根友諸先生嘉許，入選《珞珈國學叢書》，由商務印書館印行單行本，不亦樂乎！又幸得王獻松、龍文真二君之助，王君提供草稿數十條，龍君亦提供廿餘條，經我反覆刪削，仍於相關條目注明二君之名，以申謝忱云。

2012 年 11 月 18 日正午記於武漢大學國學院

《四庫學論稿》後記

　　自問學曹門，吾始董理四庫之學。朝於斯，夕於斯，八年困學於此矣。由未濟而既濟，復由既濟而未濟，披荊斬棘，開路通津。所撰《〈四庫全書總目〉研究》、《〈四庫全書總目〉編纂考》二書，數易其稿，已由社會科學文獻出版社與武漢大學出版社相繼刊布。此稿係吾近年所寫四庫學部分論文之結集。著書匪易，出版尤艱。湖北人民出版社易學金編審為拙著《黃侃年譜》的出版排紛解難，對於我的論文結集更是鼎力相助。每一書成，皆得師友呵護，及時付諸棗梨，幸甚至哉！

　　繼此而往，吾擬完成《四庫提要匯纂》、《四庫提要平議》、《四庫提要與文獻整理》、《四庫提要與乾嘉學術》諸稿，朝乾夕惕，盡心盡力，求其放心而已矣。四庫之學，博大精深，兼而有之。熔經、史、子、集於一爐，最終打通古今，學究天人，成一家之言，正乃吾家太史公所懸置之人文鵠的。雖不能至，心嚮往之。非曰能之，願學焉。

　　清儒錢大昕云：「今之學者，讀古人書，多訾古人之失；與今人居，亦樂稱人失。人固不能無失。然試易地以處，平心而度之，吾果無一失乎？吾能知人之失，而不能見吾之失；吾能指人之小失，而不能見吾之大失。吾求吾失且不暇，何暇論人哉？」（《潛研堂文集》卷十七《弈喻》）旨哉斯言！吾性非護前，亦決不護己之短。前人之失，吾已大膽指謫。吾之大失小失，亦望大方之家一一指正。是所望焉。

　　　　　　　　　　2005 年 10 月 4 日於珞珈山麓之觀衢軒
　　　　〔注〕此書原擬出版，後來也因故束之高閣。

【辨偽學之什】

《〈經解入門〉整理與研究》前言

　　在世紀之交，圍繞《經解入門》的眞僞問題曾展開過一場熱烈而持久的學術爭鳴。北京大學古文獻研究中心漆永祥先生率先發表《俞樾〈古書疑義舉例〉係襲江藩〈經解入門〉而成》〔註1〕一文，將《經解入門》卷一《古書疑例第七》與《古書疑義舉例》中之通例從稱名、著錄之條例次序、條例細目之內容、名稱以及條例數目作了比較，認爲「俞樾之條例與江氏之說有著驚人的相似，甚至可以說是完全雷同」，進而斷定「《古書疑義舉例》是襲江藩之條例而成」，「當時的俞樾僅爲 10 歲之學童，勢不能獨造一書，然則《古書疑義舉例》之大綱細目全襲江書而成定無可疑」。漆永祥所用版本爲天津市古籍書店 1990 年出版的《經解入門》方國瑜校點本，而該本明確將作者標爲江藩。方國瑜先生爲當代史學名家〔註2〕，他不但沒有將此書版本來源交代清楚，反而把光緒十九年（1893）廣西書局所刻重印本所附的馮德材跋割掉，原跋對於此書的眞僞已有所質疑〔註3〕，客觀上給後學造成了很大的誤導作用。漆永祥當時即震於方氏大名。1999 年，筆者提出了與漆永祥先生觀點相

〔註1〕《俞樾〈古書疑義舉例〉係襲江藩〈經解入門〉而成》，《中國語文》1999 年第 1 期。

〔註2〕方國瑜（1903～1983），字瑞臣，雲南麗江人。1933 年畢業於北京大學研究所國學門。曾任雲南大學教授。著有《納西象形文字譜》等。他是雲南地方史、西南民族史的奠基者，被譽爲「南中泰斗」、「滇史巨擘」。

〔註3〕閔爾昌《江子屛先生年譜》、恒慕義主編的《清代名人傳略》「江藩」條也都有所質疑，但是語焉不詳。閔爾昌《江子屛先生年譜》：「《經解入門》八卷，署甘泉江藩纂，前有阮文達序，光緒中上海石印，十九年癸巳復刻於廣西書局，馮德材跋已決其非先生眞本矣。」（北京圖書館編《北京圖書館藏珍本年譜叢刊》第 122 冊第 626 頁）

左的意見〔註4〕，文章發表後引起了學術界的重視和討論。隨後，傅傑教授、伏俊璉教授、谷建博士等人先後發表文章，對《經解入門》的眞僞問題進行了不同側面的探討，但他們均未見到《經解入門》的初印本，對此問題未能作出圓滿的解答，甚至還存在一些誤解。〔註5〕最近，學術界仍有一些學者將《經解入門》視爲江藩之作，並在此基礎上作出種種錯誤的推論。

鑒於《經解入門》一書的影響之大，誤解之深，筆者認爲有必要徹底澄清其眞僞問題，以免以訛傳訛。當時因爲時間關係，商榷文章寫得極爲簡略，很多地方沒有展開論述。經過近 20 年的努力，筆者多方搜集資料，通過對《經解入門》的版本、序跋、傳播源流、思想內容、時代特徵等方面綜合考察，深入論證了「《經解入門》出於僞撰」的結論，從此將江藩與《經解入門》徹底切割開來。

（一）版本來歷不明

有人認爲阮元在 1832 年即已刊刻《經解入門》，可是誰也沒有見過這個版本。且阮序也隻字未提刊刻之事。我們遍考清代官、私目錄，均不見有此書著錄。直到民國時期孫殿起《販書偶記》才有著錄：「《經解入門》八卷，甘泉江藩撰，光緒戊子鴻寶齋石印袖珍本。」〔註6〕稍後《續修四庫全書總目提要》也著錄了這個本子，並認爲這是《經解入門》最早版本，其時爲 1888 年〔註7〕。而俞樾《古書疑義舉例》〔註8〕早在 1871 年就收入了《春在堂全書》，1888 年再次收入《皇清經解續編》，並被張之洞《書目答問》1876 年初刻本著錄。

近年，沈乃文主編《中國古籍總目‧經部》群經總義類傳說之屬詳細著錄了《經解入門》一書的版本情況〔註9〕：

〔註4〕《俞樾〈古書疑義舉例〉係襲江藩〈經解入門〉而成嗎？》，《中國語文》1999年第 3 期。

〔註5〕伏俊璉：《俞樾〈古書疑義舉例〉不是襲江藩〈經解入門〉而成》，《古漢語研究》2000 年第 2 期；谷建：《經解入門辨僞》，《北京大學中國古文獻研究中心集刊》第 1 輯，北京燕山出版社，1999 年，第 406～420 頁。傅傑教授考證出《古書疑義舉例〉襲《經解入門》說的始作俑者爲劉聲木，詳見氏著《〈古書疑義舉例〉襲〈經解入門〉說的始作俑者》，《聆嘉聲而響和》，華東師範大學出版社，2001 年，第 86～90 頁。

〔註6〕孫殿起：《販書偶記》，上海古籍出版社，1982 年新 1 版。

〔註7〕《續修四庫全書總目提要》，中華書局，1993 年，第 1423 頁。

〔註8〕俞樾：《古書疑儀舉例》，《古書疑義舉例五種》，中華書局，1956 年。

〔註9〕沈乃文主編：《中國古籍總目‧經部》，中華書局，2012 年，第 969 頁。今按：除了單行本之外，還有叢書本，如《皇朝五經匯解》本。

經 21111606

經解入門八卷　題清江藩撰〔註10〕

清光緒十四年鴻寶齋石印本　中科院、北大、天津、南京

清光緒十六年槐蔭書屋刻本　北大、上海

清光緒十六年上海凌雲閣石印本　浙江、湖北

清光緒十九年桂垣書局刻本　國圖、北大

清光緒十九年上海書局石印本　北大

清光緒二十年上海文林書局石印袖珍本　國圖、南京、浙江

（二）阮序不足為憑

倫明先生指出：阮元序「作於道光十二年壬辰，銜題協辦大學士兩廣總督。按元於道光十二年九月以雲貴總督，授協辦大學士，此題兩廣總督，誤也。而《揅經室文集》中，亦無此序。又據近人所撰《江子屏年譜》，藩實卒於道光十一年辛卯，年七十一。而序作於其後一年，若不知其已死者。就序斷之，書為贗作，殆無疑也」。〔註11〕

此外，筆者反覆比較《經解入門・敘言》與《國朝漢學師承記》阮元序，發現前者係模仿、抄襲後者而成。為了便於比較，現將兩序列表抄錄如下：

《經解入門・敘言》	《國朝漢學師承記》阮元序
往者，余嘗語顧君千里曰：治經不難，通經亦不難；雖然，道則高矣！美矣！不得其門而入，而欲登堂奧之府，窺室家之好，則束髮抱經，有皓首不究其旨者矣。即幸而得焉，而單詞隻義，百投而一中，出主入奴，始合終歧，又往往流於異端曲學，而不自知，豈不悲哉？以吾子之才之學，其能提挈綱領，指究得失，約其文，詳其旨，作為一書，以為經訓之陳途、吾道之津逮乎？千里諾之而未有作也。居無何，甘泉江君子屏出其所著《經解入門》以示余；余讀之，瞿然而起曰：是固吾疇曩所望於千里者，而今得之子，信乎海內博雅君子，能以文章為來世誦法，捨此二三學友無屬也。而元之不揣其愚，思有撰	兩漢經學所以當尊行者，為其去聖賢最近，而二氏之說尚未起也。老莊之說盛於兩晉，然《道德》、《莊》、《列》本書具在，其義止於此而已……吾固曰：兩漢之學純粹以精者，在二氏未起之前也。我朝儒學篤實，務為其難，務求其是，是以通儒碩學有束髮研經，白首而不能究者，豈如朝立一旨暮即成宗者哉！ 　甘泉江君子屏得師傳於紅豆惠氏，博聞強記，無所不通，心貫群經，折衷兩漢。元幼與君同里同學，竊聞論說三十餘年。江君所纂《國朝漢學師承記》八卷，嘉慶二十三年元居廣州節院時刻之，讀此可知漢世儒林家法之承授，國朝學者經學之淵源，大義微旨，不乖不絕，而二氏之說亦

〔註10〕清光緒十四年鴻寶齋石印本題「江藩纂」。
〔註11〕《續修四庫全書總目提要》，中華書局，1993 年，第 1423 頁。

述，以益後學，亦差幸胸臆之私，抑得此為不孤耳。子屏得師承於研溪惠先生，博聞強記，於學無所不通，而研貫群經，根本兩漢，尤其所長。元少時與君同里同學，接其議論者，垂三十年。曩居余廣州節院時，元嘗刻其所纂《國朝漢學師承記》八卷，昭代經學之淵源，與近儒之微言大義，賴以不墜；今又得此，子屏之於經學，其真可謂語大而不外，語小而不遺，俾學者淺深求之，而各得其致者矣。是書之大旨，約分三端：首言群經之源流與經學之師承，端其本也；次言讀經之法與解經之體，審其業也；終言說經之弊與末學之失，防其惑也。學者得此而讀之，循其途，踐其跡，避其所短，求其所長，則可以不誤於趨向；優而遊之，擴而充之，則可以躋許、鄭之堂，抗孔陸之席。子屏不自侈其業，以是為初學計也；顧豈僅為初學計哉，吾願後之學者，執此而終身焉可耳。道光十二年歲次壬辰九月協辦大學士兩廣總督阮元序。

不攻自破矣。元又嘗思國朝諸儒說經之書甚多，以及文集說部，皆有可採，竊欲析縷分條，加以剪截，引繫於群經各章句之下。譬如休寧戴氏解《尚書》「光被四表」為「橫被」，則繫之《堯典》；寶應劉氏解《論語》「哀而不傷」即《詩》「惟以不永傷」之「傷」，則繫之《論語・八佾篇》，而互見《周南》。如此勒成一書，名曰《大清經解》。徒以學力日荒，政事無暇，而能總此事，審是非，定去取者，海內學友惟江君與顧君千里二三人。他年各家所著之書，或不盡傳，奧義單辭，淪替可惜，若之何哉！

歲戊寅除夕，阮元序於桂林行館。

　　從上可知，兩序要點雷同者至少有三：其一，「束髮抱經，有皓首不究其旨者矣」與「是以通儒碩學有束髮研經，白首而不能究者」相近；其二，「信乎海內博雅君子，能以文章為來世誦法，捨此二三學友無屬也」與「海內學友惟江君與顧君千里二三人」相近；其三，「子屏得師承於研溪惠先生，博聞強記，於學無所不通，而研貫群經，根本兩漢，尤其所長。元少時與君同里同學，接其議論者，垂三十年。曩居余廣州節院時，元嘗刻其所纂《國朝漢學師承記》八卷，昭代經學之淵源，與近儒之微言大義，賴以不墜」與「甘泉江君子屏得師傳於紅豆惠氏，博聞強記，無所不通，心貫群經，折衷兩漢。元幼與君同里同學，竊聞論說三十餘年。江君所纂《國朝漢學師承記》八卷，嘉慶二十三年元居廣州節院時刻之，讀此可知漢世儒林家法之承授，國朝學者經學之淵源，大義微旨，不乖不絕」相似。而《經解入門・敘言》正是在此基礎上敷衍成文。阮元為乾嘉學問大家，文章亦足以自立，有《揅經室文集》傳世。為同一作者的不同著作作序，他決不會才窘到合二而一。

（三）徐跋多不實之詞

光緒戊子夏鴻寶齋石印本有於越徐儀吉跋，因天津市古籍書店方國瑜標點本未收此跋，一般讀者鮮能寓目，特照錄如下：

> 是書爲甘泉江子屏先生藩所著，其有功經訓與禆益後學，儀徵相國原序已言之詳矣。惟是書初刻於江氏家塾，工未竣而先生遽捐館舍，以故世無傳本。儀吉聞其副本尚在江右，因不惜殫數年心力，以重金購得之，爰爲斠讎，付之石印，以公同好。方今國家右文稽古，京師國子監南學專以經訓課士，海內之士聞風興起，無不以研精古訓、講求樸學爲宗。惟初學入門之始，苟無所指引，則漢、宋門徑既慮其不清，而許、鄭緒言終莫能有得。得子屏此書，誦而法之，則淺之可以應明經取士之科，深之即可以爲立說著書之本，則其所以嘉惠來學者又豈淺鮮哉？於越徐儀吉跋。

對於此書來源，徐跋言之鑿鑿，既無實物，亦無旁證，未免孤證不信。前面已經證明所謂「儀徵相國原序」已屬贗鼎，此跋疑亦虛構其詞。所謂「副本尚在江右，因不惜殫數年心力以重金購得之」云云，遮遮掩掩，閃爍其詞，正防後人之疑。

（四）多記江氏身後人事

《經解入門》卷三《國朝治經諸儒》條列「阮元諡文達」。按：阮元卒於1849 年，比江藩晚死 18 年，江藩何以預知阮元諡號？同卷又云：「遵義鄭珍字子尹是也。」鄭珍係 1837 年才中舉，其最早所作的《說文新附考》初稿草成於 1833 年，1852 年才第一次出版著作《巢經巢詩抄》及《經說》，此前名聲不逾鄉里，江氏又何從得知其人？顧頡剛先生也指出：「予少時翻覽，深疑《入門》題江藩著，而文中提及陳澧《東塾讀書記》，兩人時代不相及，何以提到？」〔註12〕諸如此類，《經解入門》中還有不少。後面還要提到，此不贅述。

（五）多與江氏歿後著述雷同

《經解入門》除了與《古書疑義舉例》雷同外，與《書目答問》雷同處更多，如卷三《國朝治經諸儒》條與《書目答問》附列《經學家》雷同，《小學家》亦然。又如《經與史相表裏》條：「如《逸周書》、《國語》、《國策》、《山

〔註12〕顧頡剛：《記崔適先生》，《顧頡剛學術文化隨筆》，中國青年出版社，1998 年，第 321～322 頁。

海經》、《竹書紀年》、《穆天子傳》、《晏子春秋》、《越絕書》、《越春秋》、《列女傳》、《新序》、《說苑》、《東觀漢記》之屬，皆可歸入史部。」按：《山海經》、《穆天子傳》、《新序》、《說苑》在《四庫總目》中皆列入子部，《書目答問》方移入史部。《經解入門》云：「《四庫提要》爲讀群書之門徑，提要較多，未必人人能置一編，別有《四庫簡明目錄》，乃將提要約撮而成，書止一帙，大抵初學須先將經史子集四種分清何書應入何類，於此憭然，則購書讀書皆有頭緒，然《簡明目錄》太略，書之得失亦未詳說。且四庫未收提要尙列存目於後，《簡明目錄》無之，不得誤認爲世間所無也，略一翻閱，然後可讀提要。」〔註13〕這些話說得相當在行。既然該書對於《四庫提要》的認識如此深刻，爲何其分類與《四庫提要》截然不同，而反與後出之《書目答問》雷同呢？

再如《有校勘之學》條所列清代校勘名家與《書目答問》附列《校勘之學家》亦大致相同。詳見下表：

人 名	入 門	答 問	人 名	入 門	答 問	人 名	入 門	答 問
惠棟	有	有	李文藻	有	有	阮元	有	有
何焯	有	有	戴震	有	有	顧廣圻	有	有
盧見曾	有	有	王念孫	有	有	趙懷玉	有	有
全祖望	有	有	張敦仁	有	有	鮑廷博	有	有
盧文弨	有	有	丁傑	有	有	袁廷檮	有	有
錢大昕	有	有	孫星衍	有	有	吳騫	有	有
沈炳震	無	有	沈廷芳	無	有	謝墉	無	有
姚範	無	有	錢東垣	無	有	彭元瑞	無	有
周永年	無	有	黃丕烈	無	有	秦恩復	無	有
陳鱣	無	有	錢泰吉	無	有	曾釗	無	有
汪遠	無	有						

（六）與《國朝漢學師承記》多相矛盾

《經解入門》所列《國朝治經諸儒》與《國朝漢學師承記》〔註14〕所列數量上過於懸殊。後者去取甚嚴，而前者幾乎襄括有清一代經學名家。詳見下表：

〔註13〕《經解入門》卷六「門徑不可不清第四十五」。
〔註14〕江藩：《國朝漢學師承記》，中華書局，1983年。

人 名	入 門	師 承	人 名	入 門	師 承	人 名	入 門	師 承
顧炎武	有	有	李惇	有	有	胡世琦	有	無
閻若璩	有	有	李賡芸	有	無	俞正燮	有	無
張爾岐	有	有	金榜	有	有	臧壽恭	有	無
陳啓源	有	無	金梧	有	無	周中孚	有	無
馬驌	有	有	汪萊	有	無	李銳	有	無
王爾脣	有	有	凌廷堪	有	有	徐養源	有	無
毛奇齡	有	無	汪龍	有	無	方觀旭	有	無
朱彝尊	有	無	顧九苞	有	有	劉履恂	有	無
胡渭	有	有	金曰追	有	有	陳瑑	有	無
徐善	有	無	丁傑	有	無	李黼平	有	無
臧琳	有	有	周廣業	有	無	李富孫	有	無
臧鏞堂	有	無	梁玉繩	有	無	馮登府	有	無
臧禮堂	有	無	梁履繩	有	無	鍾文丞	有	無
惠士奇	有	有	武億	有	有	薛傳均	有	無
惠棟	有	有	汪中	有	有	張宗泰	有	無
諸錦	有	無	汪喜孫	有	無	侯康	有	無
汪師韓	有	無	程際泰	有	無	魏源	有	無
杭世駿	有	無	許鴻盤	有	無	鄭珍	有	無
齊召南	有	無	孫星衍	有	無	黃宗羲	有	有
秦蕙田	有	無	洪亮吉	有	有	黃宗炎	有	無
莊存與	有	無	許珩	有	無	王夫之	有	無
莊述祖	有	無	阮元	有	無	錢澄之	有	無
莊綬甲	有	無	劉文淇	有	無	徐璈	有	無
褚寅亮	有	有	劉毓崧	有	無	朱鶴齡	有	無
盧文弨	有	有	桂馥	有	有	沈彤	有	有
江聲	有	有	鍾褢	有	有	陳景雲	有	無
余蕭客	有	有	焦循	有	無	張尙瑗	有	無
王鳴盛	有	有	趙曦明	有	無	萬斯大	有	無
錢大昕	有	有	嚴可均	有	無	萬斯同	有	無
錢大昭	有	無	凌塸	有	無	萬經	有	無
錢塘	有	有	馬宗槤	有	無	全祖望	有	無

錢坫	有	有	馬瑞辰	有	無	徐乾學	有	無
翁方綱	有	無	畢珣	有	無	陸元輔	有	無
朱筠	有	有	姚文田	有	無	徐嘉炎	有	無
紀昀	有	有	郝懿行	有	無	惠周惕	有	有
王昶	有	有	張惠言	有	有	王叔琳	有	無
范家相	有	無	陳壽祺	有	無	方苞	有	無
翟灝	有	無	陳喬樅	有	無	陳厚耀	有	有
周春	有	無	張澍	有	無	吳廷華	有	無
盛百二	有	無	朱蘭坡	有	無	胡煦	有	無
畢沅	有	無	周用錫	有	無	王懋竑	有	無
孫志祖	有	無	李鍾泗	有	有	顧棟高	有	無
任大椿	有	有	朱彬	有	無	蔡德晉	有	無
孔繼涵	有	無	劉玉麐	有	無	陳祖範	有	無
孔廣森	有	有	劉寶楠	有	無	任啟運	有	無
孔廣林	有	無	李貽德	有	無	江永	有	有
邵晉涵	有	有	崔應榴	有	無	汪紱	有	無
金榜	有	有	劉逢祿	有	無	王坦	有	無
程瑤田	有	無	宋翔鳳	有	無	徐文靖	有	無
戴震	有	有	陳奐	有	無	程廷祚	有	無
段玉裁	有	無	沈欽韓	有	無	車文	有	無
胡匡衷	有	無	柳興宗	有	無	吳鼐	有	無
胡培翬	有	無	許桂林	有	無	吳鼎	有	無
胡秉更	有	無	趙坦	有	無	趙祐	有	無
胡承珙	有	無	洪頤煊	有	無	顧鎮	有	無
周炳中	有	無	洪震煊	有	無	許宗彥	有	無
劉台拱	有	有	金鶚	有	無	黃式三	有	無
王念孫	有	無	宋世犖	有	無	陳澧	有	無
王引之	有	無	戚學標	有	無			
宋綿初	有	無	凌曙	有	無			

　　《師承記》中有黃儀、顧祖禹、汪元亮、程晉芳、江德亮、徐復、汪光
爔等 7 人不見於《入門》，而《入門》說：「《師承記》所已見，亦備錄焉。」
《師承記》將顧炎武列為最後一人，「以不純宗漢儒也」，《經解入門》則列顧

氏爲第一人。另外，金榜在《經解入門》中重出，亦爲一失。《入門》有而《師承記》無的多達 135 人，其中一部分人是因爲學術觀點相左而見絀，另一部分人則是同輩乃至後輩，如魏源（1794～1857）、侯康（1798～1837）、鄭珍（1806～1864）、陳澧（1810～1882）等皆爲後輩，時代不相及。古人著書，一般不著錄、不引用生存人的著作，古人特別重視蓋棺之定論，對於未定之論大都不置可否。江藩門戶之見甚深，想必傳統成見也不會沒有。但無論如何，魏源等人與他之間畢竟異代不同時。我們可以根據江藩之子江鈞《國朝經師經義目錄跋》得到旁證：「著錄之意，大凡有四：一，言不關乎經義小學，意不純乎漢儒古訓者，固不著錄已；一，書雖存其名而實未成者，不著錄；一，書已行於世而未及見者者，不著錄；一，其人尚存，著述僅附見於前人傳後者，不著錄。凡在此例，不欲濫登，固非以意爲棄取也。」〔註15〕至於王夫之，有人認爲：「終江藩之世，他是不可能瞭解甚至聞知王夫之其人的。」〔註16〕這種說法顯然過於武斷。因爲王夫之的著作《周易稗疏》、《書經稗疏》、《詩經稗疏》、《春秋稗疏》已被收入《四庫全書》，且被《四庫全書總目》著錄，並給予較高評價。另外，《尚書引義》、《春秋家說》也被列入存目。江藩云：「《四庫全書提要》、《簡明目錄》皆出公手。大而經、史、子、集，以及醫、卜、詞曲之類，其評論抉奧闡幽，詞明理正，識力在王仲寶、阮孝緒之上，可謂通儒矣。」又稱：「公一生精力，萃於《提要》一書。」〔註17〕江藩對紀昀推崇備至，如果連《四庫全書總目》都沒有翻讀一遍，他是不會輕易下此結論的。退一萬步講，即使江藩見不到《四庫全書》與《四庫全書總目》，《四庫全書簡明目錄》總是可以見到的。因此，他就完全有可能聞知王夫之其人。

（七）與《古書疑義舉例》條例不盡相同

有人認爲，《經解入門》與《古書疑義舉例》條例基本一致，只是次序略有不同。經仔細核對，《入門》有而《舉例》無的條例有 8 條；《入門》無而《舉例》有者共 10 條。詳見下表：

〔註15〕漆永祥：《漢學師承記箋釋》，上海古籍出版社，2006 年，第 890 頁。
〔註16〕谷建：《經解入門辨僞》，《北京大學中國古文獻研究中心集刊》第 1 輯，北京燕山出版社，1999 年，第 417 頁。
〔註17〕江藩：《國朝漢學師承記》，中華書局，1993 年，第 92 頁。

條　例	入門	舉例	條例	入門	舉例
復有以反言而見意，不可以偏見拘也	有	無	以旁記字入正文例	無	有
有因誤衍而誤讀者	有	無	字句錯亂例	無	有
有因注文而誤者	有	無	簡策錯亂例	無	有
有兩字平列而誤易者	有	無	文隨義變而加偏旁例	無	有
兩句相同而誤倒者	有	無	字固上下相涉而加偏旁例	無	有
有因誤字而誤改者	有	無	誤讀夫字例	無	有
有因誤補而誤刪者	有	無	誤增不字例	無	有
有因誤刪而誤增者	有	無	句尾用故字例	無	有
以注誤改正文例	無	有	句首用焉字例	無	有

　　《入門》有而《舉例》無的條例凡 8 條，完全可以視爲是對《古書疑義舉例》的補充與完善，也是對校勘條例的新發展。《古書疑義舉例》被人稱爲「實千古奇作，發凡起例，袪惑釋疑，裨益士林爲最大」〔註18〕。《經解入門》在校勘學上的價值也應該實事求是地予以評價。

（八）卷八附選之文皆僞

　　《經解入門》所附十五篇考證文章，天津市古籍書店本均無主名，容易誤會爲全是江藩之作。其中《易伐鬼方解》引用惠棟之說時直呼其名，江藩爲惠棟再傳弟子，在《國朝漢學師承記》中稱松崖先生，若直呼其名則有悖常理。《格物說》有云：「夫程、朱爲理學正宗，則《或問》所載二程之說一十六條，乃格物之正義，其餘曲說，固可一掃而空之矣，惟鄭氏舊注，立學校者已向千載，雖精研未若閩、洛，而訓詁具有師承。」江藩重漢學輕宋學，而此說似不出其口。

　　2001 年春，筆者在上海圖書館查到光緒戊子夏鴻寶齋石印本（即初印本）《經解入門》〔註19〕，始知此類文章全係他人之作，且爲清代漢學名家的各種不同類型的考據範文，其目詳列如下：

篇　名	作　者	類　別
箕子明夷解	周中孚	解類
易伐鬼方解	李方湛	解類

〔註18〕張舜徽：《清人文集別錄》，中華書局，1963 年，第 526 頁。
〔註19〕封面有遜敏軒主人題簽，鈐「黃丙壽」印。

考工記五材解	黃明宏	解類
五霸考	蔣炯	考類
周初洛邑宗廟考	吳文起	考類
深衣考	周以貞	考類
八卦方位辨	吳傳	辨類
文王稱王辨	鄒伯奇	辨類
緯候不起於哀平辨	李富孫	辨類
辟雍太學說	孫同元	說類
八蠟說	金錫齡	說類
格物說	徐養原	說類
釋能	段玉裁	釋類
釋貫	金鶚	釋類
釋祊	侯度	釋類

上述考據文章，各有其主，本非僞作，後出之本將姓名全部刪去，在大題「經解入門卷八」之下全部改小題爲「甘泉江藩纂」，移花接木，可謂拙於作僞。另外，天津市古籍書店本又刪去第五十二篇「科場解經程式」，更是僞中之僞。

（九）盛行於清末

有人認爲，《經解入門》成書後「從未引起學術界的注意」，「蒙塵插架，無人問津，黯然寂聞」。其實不然，該書出版後「備各省舉子攜入貢院之用」〔註20〕，幾乎人手一冊，「在清末風行最廣也」〔註21〕。另外，還傳到了日本〔註22〕。如果眞是江藩所作，以江藩「吳派嫡傳」的學術威望，加上《經解

〔註20〕 顧頡剛：《記崔適先生》，《顧頡剛學術文化隨筆》，中國青年出版社，1998 年，第 321～322 頁。

〔註21〕 顧頡剛：《記崔適先生》，《顧頡剛學術文化隨筆》，中國青年出版社，1998 年，第 321～322 頁。劉聲木《萇楚齋四筆》五卷亦稱《經解入門》「雖係石印本，轉瞬間以石印二次，是當時學林重視其書可知。予於十六七歲時，即得見此書。當時慕經師之名，頗欲有志於經學，寶此不啻珍秘，無異得一導師」。轉引自傅傑《〈古書疑義舉例〉襲〈經解入門〉說的始作俑者》，《聆嘉聲而響和》，華東師範大學出版社，2001 年，第 88 頁。今按：劉氏此說雖不辨眞僞，但是從中可以看出，《經解入門》問世之初即產生了較大的影響。

〔註22〕 顧頡剛：《記崔適先生》，《顧頡剛學術文化隨筆》，中國青年出版社，1998 年，第 321～322 頁。

入門》本身內容充實，極有可能在清代中葉就會流行開來，爲何偏偏要等到清末才一紙風行、洛陽紙貴呢？

（十）學術分類思想與乾嘉時代不合

漆永祥先生在《乾嘉考據學研究》一書中對於乾嘉時代的考據學思想作了極有意義的探討，對戴震、王鳴盛、盧文弨、錢大昕、段玉裁、焦循、顧廣圻、江藩、孫星衍、阮元等考據學家的學術分類一一作了發掘，並製成《乾嘉學者學術分類簡表》〔註23〕。原表內列有龔自珍，但龔氏自稱：「我有心靈動鬼神，卻無福見乾隆春。席中亦復無知音，誰是乾隆全盛人？」可見其時代較晚，並非「乾隆全盛人」。況且其學術分類思想與乾嘉諸老也有所不同，詳見其《阮尚書年譜第一跋》〔註24〕，故刪去不錄。

人名／分類名	戴震	王鳴盛	盧文弨	錢大昕	段玉裁	焦循	顧廣圻	孫星衍	江藩	阮元	姚鼐	章學誠
諸家分類名稱	義理	義理	理學	通儒之學	考核學	經學	宋學	考據學		心性	義理	義理
	考核	考據	經學博綜抄撮校勘	俗儒之學			漢學		漢學／目錄校勘訓詁考據	考據／浩博之考據／精核之考據	考證	考據
	文章	詞章	詞章				俗學			才人之學	文章	詞章

表中所引江藩的學術分類則根據《經解入門》卷五「有目錄之學」第三十二、「有校勘之學」第三十三、「有訓詁之學」第三十四、「有考據之學」第三十五。漆永祥先生製表的前提是將《經解入門》視爲江藩之作，這一點顯

〔註23〕漆永祥：《乾嘉考據學研究》，中國社會科學出版社，1998年，第219頁。
〔註24〕龔自珍：《龔定庵全集類編》卷2，中國書店，1991年，第29～31頁。

然有誤。可貴的是，他在當時已經發現《經解入門》的學術分類思想與乾嘉時代不合，他說：「江藩的漢學或經學同前後諸人所論並不相同，一是在純學術的範圍之內；二是其論考據學較段玉裁、孫星衍等人所指內涵要小得多，是指乾嘉學術之一端而非全體甚明。躬行實踐、發爲經濟，則是他認爲在學術有成的情形下，才能視各人天資的高低來求取。」爲什麼江藩一個人的學術分類思想與整個乾嘉時代格格不入？反而會與晚清的張之洞如出一轍？只要將《經解入門》與江藩脫鉤，就很容易解釋清楚。因爲《經解入門》的學術分類思想本來就只會出現在晚清而不是乾嘉時代。漆文又引《經解入門》云：「余列目錄之學，示人以讀書之門徑；列校勘之學，示讀書之當細心；由是而通訓詁，精考據，則經學之事盡矣，即凡爲學之事亦盡矣。」這段話與張之洞所論有著驚人的相似之處。當時漆永祥先生未及留意，難免智者千慮，或有一失。

（十一）關於《經解入門》的編者

關於《經解入門》的眞實作者，就筆者所見，有三種說法：一是「崔適所作說」。顧頡剛持此說：

> 予於 1918 年考入北京大學哲學系，其時講「春秋公羊學」者爲崔適（1852～1924），字懷瑾，浙江吳興人，孑然一身，寄居校中。談次詢其生平，始知其少年時肄業杭州詁經精舍，爲俞曲園高第弟子。至 1920 年，予在北大研究所任職，始與錢玄同先生相識，乃知崔老壯年在上海某書店傭工，《皇朝五經匯解》一書是其所編，卷首《經解入門》則是其所作。《匯解》一書將阮刻經解逐條剪開，分入各經各章之下，用極小字印出⋯⋯予少時翻覽，深疑《入門》題江藩著，而文中提及陳澧《東塾讀書記》，兩人時代不相及，何以提到？聞錢氏語，乃知崔氏實作於光緒中葉也。〔註25〕

二是「章太炎所作說」。劉白村在給《經解入門》寫提要時徑直署「章炳麟撰」，其說如下：

> 按是書乃章氏早年之作。以當時人微言輕，恐不見重於世，遂僞託江藩之名。至今通行各本，仍署江藩編著。〔註26〕

〔註25〕顧頡剛：《記崔適先生》，《顧頡剛學術文化隨筆》，中國青年出版社，1998 年，第 321～322 頁。

〔註26〕《續修四庫全書總目提要》，中華書局，1993 年，第 1423 頁。

三是「繆荃孫所作說」。周予同在介紹江藩的《經解入門》時又說：

> 根據顧頡剛的意見，《經解入門》實際上是繆荃孫編撰的，供初
學者使用。〔註27〕

　　筆者以爲，上述說法均難以成立。首先，「繆荃孫所作說」可能是一種訛傳，應該予以排除。繆荃孫曾爲張之洞捉刀編纂《書目答問》，後來追悔莫及，成爲學界公案，至今尚未論定。周予同極有可能將兩事弄混淆了。其次，「章太炎所作說」也不知有何根據。章太炎早年桀驁不馴，不可一世，日後成爲革命先驅、國學宗師，豈肯將「早年之作」拱手讓與他人？從文本分析來看，《群經緣始第一》陰主「專名說」，是今文經學，而章太炎爲古文經學派之代表，向主「通名說」，認爲「經」是古代書籍的通稱，並不是孔子的「所能專有」，據此可證《經解入門》不會出自章太炎之手。復次，「崔適所作說」也是撲朔迷離，顧頡剛聞於錢玄同，周予同又根據顧頡剛，輾轉相傳，但又傳聞異辭。而伏俊璉根據顧頡剛的前一種說法，當即作出「仲裁」：「據此，則是非俱清。《經解入門》卷一《古書疑例第七》一節實崔適據其師俞樾《古書疑義舉例》而成。因其主要章節是依據江藩的著作改寫而成，同時爲了促銷作爲『高考複習資料』的《五經匯解》一書，故署名曾參加編撰《皇清經解》的漢學名家江藩著。」〔註28〕既然崔適爲俞曲園高第弟子，又爲何要編造僞書使其乃師蒙受不白之冤？伏俊璉又云：「崔適在詁經精舍時已有《古書疑例》之作，其師俞樾《古書疑義舉例》即據此而成。」〔註29〕一會說《古書疑例》一節是崔適據其師俞樾《古書疑義舉例》而成，一會又翻口說不能完全排除俞樾《古書疑義舉例》即據《古書疑例》而成，前後如此矛盾，又怎能將《經解入門》的眞實作者定爲崔適？

　　總之，上述三說不能成立的根本原因在於，他們都錯誤地認爲《經解入門》出自一人之手，是某位作者的個人專著。其實，《經解入門》並非什麼專著，而是一部資料彙編，準確地說，它沒有眞正作者，只有編者。筆者以爲，此書的眞實編者極有可能就是《皇朝五經匯解》的編纂者——「抉經心室主

〔註27〕周予同：《中國經學史講義》，上海文藝出版社，1999年，第5頁。

〔註28〕伏俊璉：《俞樾〈古書疑義舉例〉不是襲江藩〈經解入門〉而成》，《古漢語研究》2000年第2期。今按：此說失之不考，其主要章節並不是依據江藩的著作改寫而成，詳細情況見本書下編。

〔註29〕伏俊璉：《俞樾〈古書疑義舉例〉不是襲江藩〈經解入門〉而成》，《古漢語研究》2000年第2期。

人」。《皇朝五經匯解》〔註 30〕一書卷首有俞樾光緒十四年（1888）序，其文曰：

> 我國家正教昌明，巨儒輩出，經學之盛，直接漢、唐。《學海堂
> 經解》之刻，實集大成。近又得王益吾祭酒之《續編》，國朝諸家之
> 說，採擷無遺矣。然篇帙繁富，記誦爲難，檢尋亦復不易。每思略
> 仿阮文達《經郭》之意，依經編次，集成一書，而精力衰頹，未能
> 卒業。今年夏，有以抉經心室主人所輯《五經匯解》見示者，自《周
> 易》至《小戴禮記》，凡二百七十卷，所採書凡一百四十一家二百八
> 十七種，舉經文而具列諸說於下。如乾元亨利貞，先書此五字，又
> 分出乾字、元字、亨字、利字、貞字，即此一條，可見其搜羅之富、
> 詮釋之詳矣。主人原稿曰《群經匯解》，非止五經，因文逾億萬，寫
> 定需時，故先以五經行世……

「抉經心室主人」的身份，至時人楊峴爲《五經匯解》作序時已「不知何許人」〔註 31〕。歸安朱鏡清〔註 32〕《五經匯解序》曰：「近有友人自海上來，出抉經心室所輯《群經匯解》見眎，其大旨分經甄錄，先列經文爲經，然後取國朝諸老之說都一百四十一家，得書二百八十七種，最粹排比，件繫其下，以爲緯，左右採獲，莫便於此，只以卷牘浩繁，先取其五經匯解二百七十卷，用泰西石印法，代爲問世。」范希曾在《書目答問補正》中認爲「出於坊賈之手」〔註 33〕。倫明在撰寫《五經匯解》提要時指出，抉經心室主人爲趙賢，賢字子進，浙江錢塘人。光緒丙子（1876）進士，授庶吉士，散館改刑部主事，又改知縣，分發江蘇。〔註 34〕倫氏此說，未明何據，卻爲學術界普遍接

〔註 30〕扉頁有「五經卷首增五經正文卷末附江氏經解入門」一行字。今檢光緒癸巳季夏耕餘書屋付上海蜚英館石印本，卷末並無《經解入門》，未審其故。光緒癸卯上海鴻文局石印本有《經解入門》。

〔註 31〕楊峴：《與凌霞書》，參見朱關田：《初果集：朱關田論書文集》，榮寶齋出版社，2008 年，第 252 頁。

〔註 32〕朱鏡清，浙江歸安人。張之洞的學生。光緒二年（1876 年）參加丙子恩科會試，得貢士第 27 名。殿試登進士二甲第 75 名。改庶吉士。散館，著以六部部屬用。

〔註 33〕張之洞編撰，范希曾補正，孫文泱增訂：《增訂書目答問補正》，中華書局 2011 年版，第 549 頁。今按：此說雖然說得比較含糊，但對編者的職業身份的判斷還是比較準確的。

〔註 34〕中國科學院圖書館整理：《續修四庫全書總目提要·經部》，中華書局，1993 年，第 1397 頁。

受，不少論著均採納了這一結論，如王紹曾著《清史稿藝術志拾遺》，虞萬里撰《正續清經解編纂考》，舒大剛著《儒學文獻通論》等皆是如此。何以如此？蓋因趙氏爲朱鏡清《五經匯解序》代爲抄錄，遂被誤認爲作者！據王應憲博士考證，「抉經心室主人」也非倫明所說的趙賢，而是另有其人。〔註35〕光緒三十年癸卯（1904）鴻文書局石印刊行《皇朝四書匯解》，題署抉經心室主人纂輯。抉經心室主人光緒壬寅夏至日《皇朝四書匯解序》曰：「曩余索處多暇，壹志經學，嘗薈萃國初以來至咸同間諸老先生之撰著，略師阮文達《經郭》之意，排次眾說，件繫章句之下，粗具草稿，題曰《群經匯解》，燕石自珍，未敢問世。光緒歲戊子，好事者先取余所輯《易》、《書》、《詩》、《禮》、《春秋》五經景石成書，謬承同學不棄覆瓿，張許一辭。庚子之變，兩宮西狩，銳意維新，復舉考試用四書義、五經義之令。向學之士咸以余前書有《五經匯解》而無《四書匯解》爲憾……」又稱《四書匯解》係與仁和王薲甫、錢塘朱董甫合作編輯而成。卷首俞樾光緒二十九年（1903）序文云：「錢唐凌君陛卿著《五經匯解》，余已爲序而行之矣。今年夏，《四書匯解》成，又問序於余。」〔註36〕據俞序可知，「抉經心室主人」的眞實身份，是鴻文書局主人凌賡颺。凌賡颺，字陛卿，一云佩卿，浙江錢塘人。光緒十一年（1885）乙酉科舉人，光緒十七年（1891）七月任浙江浦江縣學訓導。〔註37〕凌氏家世絲商，資本雄厚，光緒十三年（1887）於上海四馬路胡家宅西首創辦鴻文書局，自辦石印《御纂七經》、《四庫全書提要》、《正續資治通鑒》、《皇朝正續經世文編》等經史圖書，同時承辦代印業務。〔註38〕鴻文書局爲近代民辦出版機構之。初與點石齋、同文書局等齊名，壟斷一時，開石印風氣之先，所出書籍以科舉考試類用書爲大宗，後因科舉廢除，漸趨衰落。陳伯熙記其事云：「惟所出者多科舉時代考場所用之書，如《五經夏造》、《五經匯解》、《大題文府》、《小題十萬選》等類，不下數百種，當時非不風行，士子輒手一編，迨科舉既廢，不值一錢。」又言其人「學問淵博，性情坦白，待友接物頗能

〔註35〕王應憲：《經解入門三題》，《傳統中國研究集刊》第十四輯，上海社會科學院出版社，2016年，第205～206頁。
〔註36〕《皇朝四書匯解》，光緒三十年鴻文書局石印本。
〔註37〕光緒《浦江縣志稿》卷七，1916年黃志瑤再增補鉛印本，第75～76頁；《震澤鎮志續稿》卷八，廣陵書社2009年版，第171頁。
〔註38〕《新開鴻文書局》，《申報》1887年2月21日；《鴻文書局書籍告白》，《申報》1887年3月16日。

相見以誠，絕非狡獪之書賈可比」。〔註39〕在經營書局之外，凌賡颺還從事實業。光緒二十二年（1896）在杭州創立有恆農桑公司，自任經理，在震澤、南翔置地數頃，開闢種植實驗場，推介西方農業科學技術〔註40〕。又「營開墾於安徽郎溪縣，至老而精神不衰，偕其妻子且讀且耕，自以爲人生之大樂，雖南面王不易也」〔註41〕。

上述王應憲博士考據較爲準確。而筆者曾經以之爲歐景岱別號〔註42〕。清潘衍桐《兩浙輶軒續錄》卷四十九載：

> 歐景岱，字仲眞，一字仲貞，象山人。候選員外郎。董沛曰：仲眞生平服膺姚姬傳，所作古文不失桐城家法。盡五年之力，誦《十三經注疏》，點勘「二十四史」，故學有本原，通非磷販，餘事爲詩，亦駸駸入古。

歐景岱（道光至光緒間），浙江岱山（象山）人，字仲眞，一字仲貞。貢生。授候選員外郎。爲學服膺姚鼐，所作古文不失桐城家法。曾盡五年之力，讀畢《十三經注疏》，點勘《二十四史》。著有《無名指齋詩集》。其詩亦駸駸入古。曾讓產助兄舉辦各項義舉。兄景辰。〔註43〕今按：歐景岱之室名爲「扶經心室」，而非「抉經心室」，一字之差，謬以千里，特此更正。王應憲博士爲之指謬，匡我不逮，謹此鳴謝！但王應憲堅持認爲《經解入門》的作者爲崔適，也是失察。

光緒癸巳年上海積山局石印本《纂印五經匯解舉例》有云：

> 本朝經學之盛，追蹤漢唐，非前代空談義理者比。此書編纂以國朝人爲斷，不復氾濫旁及。

> 是書以漢學爲宗，筆削去取間，不侈阿附，不習調人，其爲造作異說，反脣漢儒者，一字不敢羼入。

> 國朝諸老中，如中吳惠氏、高郵王氏、江都焦氏、嘉定錢氏、陽湖孫氏、武進張氏、金壇段氏、長洲陳氏，近人德清俞氏之屬，

〔註39〕陳伯熙編著：《上海軼事大觀》，上海書店出版社，2000年，第180頁。

〔註40〕凌賡颺：《有恆農桑公司章程》，《富強報》1897年第1期。

〔註41〕陳伯熙編著：《上海軼事大觀》，上海書店出版社，2000年，第180頁。

〔註42〕楊廷福、楊同甫編：《清人室名別稱字號索引》增補本上冊，上海古籍出版社，2001年，第207頁。

〔註43〕陳玉堂：《中國近現代人物名號大辭典》續編，浙江古籍出版社2001年，第184頁。

皆篤守漢儒家法，語不離宗，隻字可寶，甄輯尤夥。其他各家，間
或不免漢、宋兼採，棄瑩錄瑜，端在識者。

　　抉經心室主人窮十數年之力，成《群經匯解》一書，卷帙浩繁，
無力授梓，今索得其「五經」各種，用泰西石印法，代為問世。學
者欲窺全豹，有《群經匯解》之原稿在。

　　是書耕餘主人於癸巳年精校付印，每經前增「五經」正文，後
附《經解入門》，俾研經者易於檢閱，區區之心，於諸君子不無小補
云。〔註44〕

　　由此可見《五經匯解》編纂宗旨與《經解入門》一致，以東漢之學為宗，
而崔適為西漢今文經學，二者實際上完全相反。可能凌曙颺考慮到自己的知
名度不太高，只好將《經解入門》嫁名於「甘泉江子屏先生藩」。江藩是清代
中葉一位重要的經學家，他在當時即有「通儒」之目〔註45〕，所撰《國朝漢
學師承記》、《國朝宋學淵源記》對清代學術加以總結，影響較大，後人嫁名
於他，可能也是出於促銷的目的。《經解入門》開卷即載俞樾序，書中又抄襲
其《古書疑義舉例》，異哉！

　　《經解入門》的真正編者可以確定為晚清之凌曙颺，當然，也不能完全
排除崔適也參與書局的編輯事務（類似現在的責任編輯），須知責編與原編完
全是兩碼事，豈能混為一談？要之，《經解入門》的成書時代在俞樾《古書疑
義舉例》之後，因此決非俞樾襲用了江藩之說，而只能是《經解入門》抄襲
了《古書疑義舉例》。

（十二）結論

　　儘管《經解入門》是一部偽書，但是它仍然有其存在的價值。因為它的
主要來源是清代特別是乾嘉以降的幾部學術名著，即《日知錄》、《經義述聞》、
《漢學師承記》、《國朝經師經義目錄》、《石經考異》、《古書疑義舉例》、《書
目答問》、《輶軒語》等等。雖然《經解入門》抄襲他作，但也頗費心力。如
果不是認真研究，也很難發現其中的紕漏。全書篇幅不大，文字通俗易懂，

〔註44〕　光緒十四年鴻文書局石印本無此條。

〔註45〕　江藩（1761～1831），字子屏，號鄭堂，晚號節甫，江蘇甘泉人。著有《周易
　　　　述補》四卷、《爾雅小箋》三卷、《樂懸考》二卷、《國朝漢學師承記》七卷、
　　　　《國朝宋學淵源記》二卷，其他現存詩文見《江藩集》（上海古籍出版社2006
　　　　年版）。今按：清人吳蘭修在給江藩《隸經文》作跋時說：「先生受學元和惠
　　　　氏，博綜群經，尤深漢詁……有翼輔馬、鄭之功，今日通儒，捨先生其誰哉？」

條目秩如，將清初至晚清漢學諸大師的代表作冶於一爐，又作了一點點改造加工，非常便於當時的初學者。

　　無論如何，《經解入門》是一部內容充實的僞書。天津市古籍書店 1990 年出版的《經解入門》在黑色的封面上襯托出八個極為醒目的紅字：「讀史必備，讀經必備。」雖有商家廣告之嫌，但也不是毫無道理。只要我們善於辨別眞僞，去僞存眞，《經解入門》仍不失爲值得一讀的入門之作〔註46〕。但是，如果不辨眞贗，仍然堅持將它視爲江藩之作，那麼，所做的結論無論看起來多麼精緻，其實都不過是沙上建塔而已。

〔註46〕《續修四庫全書總目提要》，中華書局，1993 年，第 1423 頁。

《〈經解入門〉整理與研究》後記

　　本書緣起於 1999 年的那場關於《經解入門》眞僞問題的學術爭鳴，我因此一發而不可收拾，撰寫了一系列辨僞論著，「辨僞癖」也與日俱增，對於辨僞公案展開了無休止的考辨。在撰寫此書的過程中，我始終被兩種精神所鼓舞。

　　其一曰「漆永祥精神」。北京大學中文系漆永祥教授著述等身，在清代學術史研究方面做了大量的工作，特別是對吳派學術（以三惠與江藩爲主）進行了系統整理與深入研究。其處女作《乾嘉考據學研究》卓爾不群，不同凡響，但也有不少地方立異以鳴高，以偏糾偏，如否定文字獄與乾嘉考據學的關聯，否定乾嘉時代的辨僞學成就，持之似乎有據，但言之難以成理。平心而論，他對《東吳三惠詩文集》、《江藩集》的整理，必將惠及學林。《江藩與漢學師承記研究》也做得比較紮實，是一部相當規範的文獻學史研究專著。惟有《漢學師承記箋釋》一書，可謂武庫之兵，利鈍互陳。特別值得關注的是，漆永祥率先在《中國語文》上發表了《俞樾〈古書疑義舉例〉係襲江藩〈經解入門〉而成》一文，將《經解入門》卷一《古書疑例第七》與《古書疑義舉例》作了簡單比較後，他認爲「俞樾之條例與江氏之說有著驚人的相似，甚至可以說是完全雷同」，進而斷定「《古書疑義舉例》是襲江藩之條例而成」，「《古書疑義舉例》之大綱細目全襲江書而成定無可疑」。一石激起千層浪，學界爲之譁然。但對漆永祥文章的批評之聲也隨之而起。漆兄爲自己的失誤一再向學界檢討，早在 1999 年 5 月在臺灣中央研究院文哲所「乾嘉經學研討會」上他就鄭重道歉，2000 年 6 月在北京外國語大學舉辦的「中國語言學史研討會」上再次公開道歉，並以《讀書不謹的一次教訓》爲題公開發表。他說：

現在看來，拙文發言太易，又相信誤本，導致以訛傳訛。現趁此次會議機會，再次向學界前輩與時賢澄清事實，並致以深深之歉意！如果對此次教訓加以總結的話，首先當然是筆者學力不逮，用心不細，未能認眞推敲，發言太易。

在學術研究中難免出現錯誤，學者不是神，誰都有可能犯錯誤。但如何對待自己所犯錯誤，態度可能大不一樣。君不見，文過飾非者有之，怨天尤人者有之，遷怒於人者有之，轉嫁於人者有之，反唇相譏者有之，壓制批評意見者亦有之。「逞一時之血氣，與前賢爭鋒」，固乃學術研究之大忌。漆兄未尊師訓，但他自始至終不文過飾非，不遷怒於人，而是嚴於律己，勇於自我批評。在學術界嚴重失範之時，在呼喚學術自律之時，他勇敢地站出來，一鞠躬，再鞠躬，爲自己的一點失誤。這種勇敢的舉動，令每一位以學術爲生命的嚴肅學人肅然而起敬意。他也因此贏得了學界的尊重。

其二曰「許蘇民精神」。南京大學中國思想家研究中心許蘇民教授以治明清哲學史與思想史蜚聲學壇，著述甚豐。許先生在《樸學與長江文化》一書中有如下表述：

> 至於百餘年來在學界流傳頗廣的署名「江藩」所作《經解入門》一書，經谷建先生博考論定，實係清末民初學者所造僞書，證據確鑿，無可辯駁。（第 141 頁）

當然，谷建博士的證據尚嫌不足，結論也不太準確，本書已經做了更爲細緻深入的探討。谷建博士的文章引起了許蘇民先生的關注，許先生在自注中又加以申說：

> 《經解入門》一書，有光緒十四年（1888）上海鴻寶齋石印袖珍本，光緒十九年（1893）廣西書局重印本，光緒上海同文書局《五經匯解》本，1932 年上海文化學社版方國瑜校點本，1990 年天津市古籍書店影印本等等。拙著原稿曾據以論江藩的經學方法論。幸得申屠爐明先生賜教，告知已有谷建先生撰《經解入門辨僞》一文，考明《經解入門》一書係僞作，故將拙作中論及該書的內容全部刪去。……在此，謹向申屠爐明先生和谷建先生致以誠摯的謝意。（第141 頁）

當我讀到上述文字時，爲之肅然起敬！一般學者善於掩蓋自己的錯誤，家醜不可外揚，諱莫如深。而蘇民先生採取了完全相反的態度，不是藏拙，

而是自暴其醜。他完全可以進行冷處理，迴避談論自己尚未造成任何不良反響的錯誤。只有嚴肅認真的學者才敢於進行嚴肅認真的自我批評，這也是一個成熟學者對學術高度負責的態度。這是一種學術良知，也是一種可貴的學術精神，姑且命之曰「許蘇民精神」。

在商業大潮席卷之下，這兩種精神皆已成為稀罕之物。「熙熙攘攘，皆為利往。」利字當頭，利益驅使，東方造假煙，南方造假酒，西方造假藥，北方造假奶。諸如假蛋、假茶、假油之類，不一而足，層出不窮。假貨猛於虎，氾濫已成災，天下黎民百姓無不遭其毒害。此種造假之風也日益滲透到學術界，學風因此一度呈現浮躁、浮誇、浮淺、浮華之勢。浮而不實，譁眾取寵，顯然有悖於實事求是之治學宗旨。

400年前，李卓吾呼喚赤子之心。今天，我們仍然呼喚赤子之心。「漆永祥精神」也好，「許蘇民精神」也罷，都是敢於擔當，勇於認錯，均不失其赤子之心。我由此看到了中國學術復興的希望。我為之深感欣慰，我在此為之鼓與呼——

　　　　歸來兮，漆永祥精神！
　　　　歸來兮，許蘇民精神！
　　　　歸來兮，赤子之心！

《〈經解入門〉整理與研究》千字提要

  《〈經解入門〉整理與研究》一書分上、下、外三編，上編爲《經解入門
箋注》，是對《經解入門》的注解；下編爲《經解入門辨僞》，是對《經解入
門》各篇抄襲來源的系統梳理；下編爲《國朝治經諸儒研究資料匯纂》，是據
《經解入門》卷三《國朝治經諸儒第十六》一篇所列清代經學家名錄而編纂
的一部清代經學家資料彙編。

  全書主要有以下幾個特點：

  第一，爬梳文獻，全面系統地證僞《經解入門》。《前言》從版本來歷不
明、阮序不足爲憑、徐跋多不實之詞、多記江氏身後人事、多與江氏歿後著
述雷同、與《國朝漢學師承記》多相矛盾、與《古書疑義舉例》條例不盡相
同、卷八附選之文皆僞、盛行於清末、學術分類思想與乾嘉時代不合等方面
全方位、多角度地論述了《經解入門》並非江藩編纂，而出於後人僞撰。而
在下編《經解入門辨僞》部分，逐條考證《經解入門》抄襲來源，還原僞撰
者的作僞過程與手段。對《經解入門》編者的考辨結論爲：「《經解入門》並
非什麼專著，而是一部資料彙編，準確地說，它沒有眞正作者，只有編者。」
並將「抉經心室主人」的眞實身份鎖定爲晚清鴻文書局主人凌賡颺。

  第二，箋注整理，提供《經解入門》的精校精注本。雖將《經解入門》
一書徹底證僞，但並未因此就否定其存在的價值，只要我們善於辨別眞僞，
去僞存眞，《經解入門》仍不失爲值得一讀的入門之作。由於其中涉及的術語、
人物、著作等仍是比較專門的，《經解入門》對於當代經學初學者仍有一定難
度，因此在上編「《經解入門》箋注」部分對全書進行了系統的整理注解。這
部分主要是對《經解入門》中的疑難字句、特殊名詞，以及涉及到的經學家、

經學著作、經學問題的注解，全面完整，爲讀者提供了一個研讀《經解入門》的重要版本。

第三，廣收博覽，輯錄清代經學家資料。《經解入門・國朝治經諸儒第十六》一篇雖抄《書目答問・國朝著述諸家姓名略》而來，但該名單從專門漢學、漢宋兼採、小學家三個角度收錄清代經學學者，基本囊括了清代主要的經學家，具有重要的經學史意義。又據《國朝治經諸儒》所列清代經學家名錄，以輯錄體形式，廣採文集、史傳、方志、書目、學案、筆記、詩話、年譜、譜牒、詞典等材料，編成外編「《國朝治經諸儒》研究資料匯纂」，外編「既是相對獨立的一大部分，也與《經解入門》互爲表裏——正編側重於經學概論，屬於共時層面；外編側重於經學史，屬於歷時層面」。在此基礎之上刪繁增要，再作調整，必能形成一部獨具特色的《清代經學學案》。

　　　　　　　　【注】此爲申報材料，立此存照。

《文獻辨僞學研究》自序

　　孫子曰：「用兵之法，有散地，有輕地，有爭地，有交地，有衢地，有重地，有圮地，有圍地，有死地。諸侯自戰其地者爲散地，入人之地而不深者爲輕地，我得則利、彼得亦利者爲爭地，我可以往、彼可以來者爲交地，諸侯之地三屬、先至而得天下之眾者爲衢地，入人之地深、背城邑多者爲重地，山林險阻沮澤、凡難行之道者爲圮地，所由入者隘、所從歸者迂、彼寡可以擊吾之眾者爲圍地，疾戰則存、不疾戰則亡者爲死地。是故散地則無戰，輕地則無止，爭地則無攻，交地則無絕，衢地則合交，重地則掠，圮地則行，圍地則謀，死地則戰。」（《孫子兵法・九地篇》）治學如治兵。選擇研究方向，尋找研究課題，應該主動放棄「散地」、「輕地」、「爭地」、「交地」，直奔「衢地」、「重地」、「圮地」、「圍地」、「死地」。無論四庫學之研究，抑或文獻學之探討，前輩學者固已擁篲前驅，導夫先路。然前修未密，亟待後出轉精。吾儕猶須步武前賢，紮硬寨，打死仗，在學術研究之複雜地帶——「衢地」、「重地」、「圮地」、「圍地」、「死地」——尋找突破口，破釜沉舟，置之死地而後生焉。

　　年屆不惑，殊感困惑。回首往事，恍若前塵。今不揣淺陋，模擬古人，聊作《自贊》一首，以激揚吾之志氣。贊曰：

眸不炯炯兮貌不堂堂，弱冠之年兮負笈武昌。

屈賈之地兮等閒官場，青春蹉跎兮鬢髮早蒼。

而立之年兮毅然北上，朝乾夕惕兮發爲文章。

三百萬言兮覆瓿蓋醬，東奔西走兮我馬玄黃。

落伽之巔兮陟彼高岡，東海之濱兮詠歌滄浪。

濯纓濯足兮括囊履霜，天地悠悠兮宇宙洪荒。

我思古人兮奮然前行，我思古人兮奮然前行！

　　　　　　　　　時值紀念抗日戰爭勝利 60 週年

《文獻辨偽學研究》前言

　　傳統文獻辨偽學取得了大量實績，同時，文獻辨偽無論在方法上還是在結論上都出現了非常明顯的失誤，值得我們進行認真反思。文獻辨偽學的進展，既需要新材料的支撐，更需要對舊方法進行全面而深刻的反省。本書即是拷問傳統文獻辨偽學在態度、方法及結論等方面所作的一點有益的嘗試。

　　這是一部關於文獻辨偽學的專著。全書共 12 章，分為上、下、外三編。〔註1〕

　　上編為源流編，共 5 章，該編從縱向對於自西漢至清末民初二千年間辨偽學史上的代表性人物與專著提出了若干不成熟的看法；下編為專題編，共 6 章，從橫向對六種涉及真偽之爭的文獻進行了深入探討；外編為書目編，僅 1 章，即文獻辨偽學的專科目錄。

　　下面，分別做一簡明扼要的介紹：

　　第一章《明代以前辨偽學述論》是關於西漢至宋、元的辨偽成就的箚記。文獻辨偽濫觴於兩漢，發展於魏晉南北朝隋唐，至宋代形成一個高峰期，元代又有所回落，在明代則瓜熟蒂落，形成為一門專家之學。有人竭力否認明代以前有辨偽學的存在。本章發掘出明代以前若干鮮為人知的辨偽史料，並

〔註1〕今按：此書原為專題論文集，原名《文獻辨偽學論稿》，出版前夕，在出版社與信息管理學院有關要員的「循循善誘」之下，被迫改裝為「專著」。後來被人以「專著」之標準衡量，那種尖酸刻薄的批評足以教人啼笑皆非。在世紀之交的中國學術界與出版界看來，似乎專題論文集不如專著，而這似乎與國外學術又沒有接上軌。大量的專題論文集也和我這本書一樣遭遇類似的命運，被迫易容，而後又被人歧視。生活在如此學術生態之下，我們像豬八戒照鏡子一樣，弄得裏外不是人。

以此爲根據，提出了商榷意見。既是對「明代以前無辨僞學」論調的糾偏，也對目前幾種辨僞學史作了補遺。

第二章《明代辨僞四大家合論》對於以宋濂、楊愼、胡應麟、方以智爲代表的明代辨僞成就與方法作了重新估價。宋濂《諸子辨》爲辨僞學史上第一部專著，第一次提示了作僞的兩種類型。楊愼既是作僞老手，也是辨僞高手。胡應麟《四部正訛》是第一部全面總結辨僞學理論的專著，系統分析僞書產生的原因，系統總結辨僞方法。明末方以智提出的從「理」、「事」、「文」、「氣」、「時」、「變」六個方面辨僞的方法，代表了中國古代辨僞學方法論的最高水準。「胡八條」長期被視爲金科玉律，對後世產生巨大而深遠的影響，而「方六條」反而被人遺忘。

第三章《姚際恒〈古今僞書考〉評析》重新審視了姚氏在辨僞學史上的貢獻。

第四章《〈四庫全書總目〉辨僞方法釋例》已在博士論文中得到了初步反映，收入本書時又作了一點修訂。《四庫全書總目》是辨僞學史上的一座高峰，歷來學界對此認識不足，有的學者甚至認爲辨僞之風至乾嘉時代已經熄滅。本章將《總目》的辨僞方法歸納爲 8 類 32 條，即文本（包括風格、文體、音韻、詞源、方言、文詞、稱謂）、作者（包括碑傳、遊跡、生平、思想、水平）、著錄（包括源流、卷數）、比勘（包括對勘、引文、因襲）、佚文（包括稱引、輯佚）、編例（包括撰書義例、注疏義例、凡例、體例、編例）、名物制度（包括禮制、官制、曆法、地理、避諱）、情理及其他（包括情理、史實、綜合）。

第五章《梁啓超辨僞「公例」質疑》對「十二公例」進行了比較全面的辨析。梁啓超的辨僞「公例」長期被奉爲辨僞的金科玉律。隨著大量簡帛文獻的出土，梁啓超的辨僞方法論日益受到嚴重挑戰。本章從邏輯的角度，結合出土文獻，對梁氏辨僞「公例」逐一進行了辨析，發現所謂「公例」漏洞百出，武斷至極，是簡單化、片面化的產物，根本不是什麼「科學的辨僞學理論體系」。

第六章《〈經義考〉辨僞一例》是近年發表的一則考訂筆記，糾正了《經義考》一書的一個錯誤。即朱彝尊《經義考》卷一百三十三「吳氏澄儀禮逸經」條所引「又曰」一段文章不是出自何喬新之手，而是程敏政所撰。

第七章《〈經解入門〉眞僞考》從《經解入門》的版本來歷不明、阮序不足爲憑、多記江氏身後人事、多與江氏歿後著述雷同、與《國朝漢學師承記》

多相矛盾、與《經解入門》條例不盡相同、卷八附選之文皆僞、徐跋亦多不實之詞等方面證明該書是一部僞書。原文寫於 1999 年春天，是我的第一篇辨僞學論文，現在又作了較大幅度的增補。目前，已擴大爲一部專書辨僞著作——《〈經解入門〉疏證》，不久即可殺青。

第八章《〈讀升菴集〉眞僞考》爲一椿長達 200 年的冤案平反。《四庫全書總目》從義例、思想、文筆三方面斷定《讀升菴集》不是李贄編輯。二百年來無人對此提出異議，而是作爲權威結論反覆加以引用。本章以大量無可爭辯的文獻資料證明，以上結論是完全錯誤的。該書直接選自《升菴集》，其評語精華已選入李贄《焚書》《李溫陵集》。《讀升菴集》之序不僞，確出李贄之手。這椿長達二百年的冤案必須推翻。《總目》的辨僞態度不端正，先入爲主。其辨僞方法也頗有漏洞，邏輯上不嚴密，推論上多臆測。《總目》在此個案上的失誤，反映出傳統辨僞方法的嚴重局限性。

第九章《〈野處類稿〉眞僞考》在前人的基礎上作了進一步考證，論證四庫本《野處類稿》爲一典型的版本作僞。《野處類稿》一書被收入《四庫全書》，《四庫全書總目》將其作者定爲宋洪邁。本章通過比勘四庫本《野處類稿》與朱松《韋齋集》，發現《野處類稿》並非僞書，而是典型的版本作僞。

第十章《〈黃陵廟記〉眞僞考》是最近與著名詩人流沙河先生進行商榷的一篇小文章，從著錄較晚、未見稱引、風格不類、稱呼不當、版本不同五個方面論證《黃陵廟記》一文可能是南宋至明初之間文士所爲，實非諸葛亮之手筆。「亂石排空，驚濤拍岸」一語，不是東坡剿諸葛，而是後人襲用東坡《念奴嬌·赤壁懷古》「亂石穿空，驚濤拍岸」之句。

第十一章《〈僞書通考〉史源考》一文通過細緻梳理，詳細考察《僞書通考》的史料來源。近人張心澂的《僞書通考》一書號稱「集古今辨僞之大成」，其實該書最主要的資料來源就是《四庫全書總目》。該書引用《總目》時未能嚴格遵守學術規範，給中外學術界造成極大之錯覺。通過細緻考察，《通考》還存在其他三大缺失：材料與方法嚴重脫節；該書核心概念模糊不清；大量徵引康有爲的《新學僞經考》。

第十二章《文獻辨僞學論著目錄》是我近年來編製的一份專題書目，原本爲個人搜集研究資料之用，現在公諸同好，或許可以減少翻檢之勞。

　　原本打算還寫一輯評論編，欲效郭沫若《十批判書》，擬對十餘種辨偽學論著逐一評說，後因種種原因而作罷。原擬目錄中還有不少篇目沒有來得及寫出，今後如有可能，再另行結集。

　　五年之間，本人已出版著作五種，逾三百萬言。此稿寫竟，已入不擒之列。端坐書窗，靜如窈窕處子。本無絕異之姿，又乏靜悟之力。障翳未空，心境難明。驀然回首，若有所悟。今不揆檮昧，模擬宗門老衲，妄自說偈一首。偈曰：

　　　　學海苦無邊，回頭豈有岸。
　　　　文獻雜真偽，真偽殊難辨。
　　　　真書多鬼話，偽書或可觀。
　　　　何必辨真偽，醉臥落伽山。

　　　　　　　　　　　　　　　2008 年 4 月 30 日於東湖南望山

《文獻辨僞學研究》後記

　　文獻辨僞學的研究，是我近年來從事研究的主要課題之一。在撰寫博士論文時，對於辨僞學論著曾竭力搜求，但在博士論文中只反映出了一點點，其他大量材料沒有來得及處理。因此，我發願要撰寫辨僞學「三部曲」，即一部通論性的專著，一部專書辨僞著作和一部專題論文集。現在，我將近年來所寫的部分論文結集爲《文獻辨僞學研究》一書先行問世。

　　這是我公開出版的第一部論文集，它凝聚了許多師友的心血。在本書寫作過程中，得到學界很多前輩的大力支持和熱情鼓勵。《中國語文》、《史學史研究》、《人文論叢》、《長江學術》、《圖書情報工作》、《圖書館雜誌》、《圖書情報知識》、《古籍研究》及《文匯報》等報刊曾爲發表拙作提供了園地。凡此種種，均屬盛意可感，在此一併致謝。程二行爲北大博士，自號「顏樂齋主」，文風犀利，好鬥善戰，不留餘地，同儕聚談時，每戲稱之曰「文中老賊」。抵掌長談，略得切磋之益。今又慨然撰序，不啻百朋之賜。

　　文獻辨僞學的研究，是一項極爲艱辛的基礎性工作。章太炎先生將它視爲國學研究的第一步，梁啓超、郭沫若等人皆有精闢的論述。我在完成博士論文之後，最想做的就是文獻辨僞，擬以實際成績回應李學勤先生「走出疑古時代」的號召，可惜這一計劃在進入博士後流動站的第一次開題報告時就被迫中斷，有幾位專家提出異議，後來被漢堡大學授予榮譽博士學位的朱維錚教授更是當場否認明代之前存在辨僞學。我當時年輕氣盛，大有「初生牛犢不怕虎」的氣概，頗不服氣，暗暗下定決心：「等我完成博士後報告（即《四庫全書總目編纂考》）的撰寫，一定還要接著弄辨僞。」後來在章培恒、宗福邦、黃長著等先生的大力支持下，相繼爭取到幾個辨僞項目，於是憑藉餘勇，

一鼓作氣,在辨偽這片園地裏披荊斬棘,像獅子搏兔一般奮力搏殺,斬獲日多,勁頭日足,頗有「直搗黃龍府,與諸君痛飲」之概。

　　近年來,我在這一領域裏作過一點粗淺的探索與思考,也曾向學界奉獻過些許拙見。這是我的第一部有關文獻辨偽學的專著,我本固陋,所見不廣,所考未必有當,謹以此就正於大方之家(小方之家除外,整蠱大師更是不在此列)。

乙酉十月二十日先妣十週年祭日

《文獻辨僞新探》自序

　　《文獻辨僞新探》一書是我主持的國家社科基金項目的結項成果，全書爲辨僞專題研究，分爲甲、乙、丙、丁四編及附錄。

　　甲編爲經部辨僞，包括五篇文章：

（一）《〈經學常識〉抄襲〈經學通誥〉舉證》

　　此文作者爲司馬朝軍教授。徐敬修《經學常識》大量抄襲葉德輝《經學通誥》，其兩大秘訣爲：一是將筆記體改爲章節體，二是將文字敘述改爲圖表列示。儘管《經學常識》的作僞手法非常拙劣，但還是騙過了很多人。後來因其書流傳絕少，數十年來一直未被識破。筆者通過仔細比勘，揭開了這一民國經學史上的大醜聞。

（二）《〈尚書〉真僞問題之由來與重辨》

　　此文作者爲武漢大學胡治洪教授。先秦時期諸多典籍都曾引述《尚書》，由此表明《尚書》古已有之。秦朝禁燬《詩》、《書》，致使《尚書》失傳二十餘年。西漢時期重出的《尚書》有伏生今文本、孔安國整理並傳注的孔壁古文本（孔傳本）、河間獻王徵藏本、張霸「百兩篇」以及單篇《泰誓》，至兩漢之際又出現杜林古文本。伏生今文本通過歐陽和大小夏侯三家傳授，在漢晉之世一直立於學官，地位顯赫，但於永嘉亂中絕跡；河間獻王徵藏本於徵藏者去世後也不知下落；張霸「百兩篇」在當時就被核實爲僞書；單篇《泰誓》起初被歸入伏生今文本，後經諸儒與經傳比勘，也認定其非本經；杜林古文本因賈逵、馬融、鄭玄等傳注而流傳久遠，但至宋代仍歸亡佚；唯有孔傳本，雖在西晉末年也曾短暫消失，但不久便由梅賾獻出而流傳至今。但自

南宋開始，梅賾所獻孔傳本卻被斥為「僞書」，疑《書》者們認為該文本的風格「平緩卑弱，殊不類先漢以前之文」，並認為其傳承脈絡茫昧無稽，由此構成懷疑的前提；又以「吹毛索瘢」的方式尋找該文本的「破綻」，由此構成懷疑的證據；進而確指或泛指某人拼湊綴合古籍中的引《書》文句以作成僞書，由此構成懷疑的結論。然而梅賾所獻孔傳本的風格不足以成為懷疑的前提，其傳承脈絡並非茫昧無稽，所謂「作僞」的證據沒有可信度，被指控的諸多「作僞者」一概沒有作僞的必要和可能；梅賾所獻孔傳本就是孔子後人為避秦火而藏於舊宅壁中的百篇遺存，也就是孔子親手刪定的先聖教言和華夏古史。不過這一文本並非都是其所標繫時代的成品，而當是西周至春秋早期的文化精英們根據傳述或書寫的上古史料編成的經典，這種成書方式根本不存在所謂「作僞」問題，而是軸心時代各大文明之經典產生的共同方式。

（三）《漢晉之間古文尚書流傳情況補證》

此文作者為胡治洪教授。嚴可均《全上古三代秦漢三國六朝文》的《全漢文》、《全後漢文》、《全三國文》、《全晉文》中存在引用《古文尚書》及其孔安國傳的資料，這些數據表明《古文尚書》自西漢末年至西晉晚期一直綿延不絕，流傳於世。本文依據《全漢文》、《全後漢文》、《全三國文》、《全晉文》中有關《古文尚書》的資料，對拙文《〈尚書〉眞僞問題之由來與重辨》所梳理的《古文尚書》傳承脈絡予以補證，由此更加強有力地證明《古文尚書》自孔安國以迄梅賾四百年間續續不斷，從而更加強有力地反駁了南宋以降疑《書》者們對於《古文尚書》傳承脈絡茫昧無稽的指控。

（四）《昏禮從宜辨僞》

此文作者為安徽大學徐道彬教授。安徽省圖書館藏有《昏禮從宜》一冊，著錄為江永之作，有失其眞。江氏為清代考據學的關鍵人物、「皖派」學術的開創者，對其著述眞僞的論定，不僅影響到人物思想的定位，也會牽涉到清代學術研究的諸多方面。文章從版本著錄、文獻內證和思想違異三方面，在考證該書眞僞的同時，也對江氏的學術地位和思想影響做了較為深入的探討。

（五）《四書按稿非江永所作考論》

此文作者為徐道彬教授。《續修四庫全書》第 166 冊收《四書按稿》一部，原書係清抄稿本，編者將作者定為「清江永撰」。原書稿藏於復旦大學圖書館，館方確認其為清乾隆十五年抄本。首先由文體形式以觀其僞，即從公私著錄、

結構章法、避諱、文體風格、治學風格上論其作偽；其次由思想內容以證其偽，即從文中引用人物的學術傾向上以考其偽、從語法辭氣上以現其偽、從著述態度上以察其偽；最後對作偽動機的思考與推測，結合文體、避諱等事體，推測《四書按稿》是節錄或掇拾《四書遇》之類的前說雜糅而成，是清末民初與周左季同時之人所編纂的一部四書講讀文稿。

乙編為子部辨偽，包括三篇文章：

（一）《〈子華子〉辨偽》

此文作者為安徽大學王獻松博士。論文分為三部分：第一部分主要回顧此前學者對《子華子》一書的研究概況，分南宋至清代和近百年以來兩個時段，古代學者的研究主要集中在對《子華子》真偽爭論上，近百年以來學者們雖然開始關注該書的思想內容。第二、第三兩部分主要從文獻辨偽和思想研究兩個方面展開。第二部分檢討古代學者在《子華子》辨偽工作中的缺陷和不足，並指出部分有價值的內容；通過辯證劉建國《〈子華子〉偽書辨正》一文，說明其中證明《子華子》為真書的證據並不可信；在前人辨偽基礎上，結合一些新的發現，通過直接證據和輔助證據對《子華子》進行系統辨偽，以證明《子華子》確係偽書，且判定此書作偽於元豐三年（1080）至紹興二十一年（1151）之間的 70 餘年間。第三部分主要針對作偽者偽造部分的內容，從宇宙論、政治哲學和中醫養生學說三個方向展開，宇宙論一節主要分析宇宙的概念、宇宙生成學說、宇宙運動及其動力，以及人與宇宙本源（道）的關係等，政治哲學一節主要從「禍亂起於欲善而違惡」的主張和「以道治國」及其圖景兩個方面闡述其無欲、無為的施政方針，中醫養生學說一節主要從五行五臟說、養生貴在養氣、醫藥理論三個方面進行論述。最後又綜合書中的主要思想，結合前人對《子華子》典籍分類的觀點，認為《子華子》在目錄分類上應歸屬於道家類。

（二）《〈畫永編〉辨偽》

此文作者為司馬朝軍教授。《畫永編》二卷，舊本題明宋岳撰。宋岳自號東越承山子，餘姚人。嘉靖二十年（1541）進士，曾任天雄兵憲。是書分上下二集，不分子目，收入《續修四庫全書》子部雜家類。作者應傅璇琮先生之邀撰寫雜家類提要稿，詳考其書，始知大致抄錄前人嘉言懿行之可為法則者，點竄數字，掩為己有，而一一諱其出處。此本為嘉靖甲子（1564 年）閻

承光刊刻行世，當時呂時中、閻承光均撰序跋，極力推揚。然呂、閻二氏未得其實，皆為所蒙蔽。數百年來，其書之偽，無人道破。最後的結論為：第一，剿襲成書。全書凡 360 條，其中有 351 條偽跡昭彰，占 97.5%，其作偽之法大致可以歸結為全抄一書、合二為一兩種。另外，有 9 條闕疑待考，僅占 2.5%。第二，序跋失信。是書前有嘉靖甲子呂時中序，稱「其書雖宏肆散見，旨趣不一，要多歸之切身」。書後有嘉靖甲子閻承光跋，稱歉翁之學術正大光明，宜其發於事業，章章赫奕，足以為人師表云云。其實，呂序閻跋亦未究其實，絕不可信。呂序又稱「無一條不概於胸中，無一句不斂為己有」，似乎又不無微詞。書前又有嘉靖壬戌宋岳自序，稱有以省躬則錄之，有以保生則錄之，有關世教則錄之，有裨見聞則錄之，以傚先儒隨筆之義云爾。自序自欺欺人，掩耳盜鈴，所謂先儒隨筆之義豈能作為抄襲之遁詞乎？第三，續修失考。此書實為一拙劣之偽書，不慎混入《續修四庫全書》之中，未免魚目混珠。今本實事求是之心，廣搜證據，將其徹底證偽。

（三）《〈放生殺生現報錄〉辨偽》

此文作者為徐道彬教授。《放生殺生現報錄》與江錦波（江永嫡孫）、汪世重合編的《江慎修先生年譜》附刊在一起。它之所以能夠廣為學者所知，就因為其後所附的江永年譜是研治清代學術者必須經常翻閱的重要文獻。而善惡報應作為中國人的基本信仰，又使得這本小書在民間頗為實用而廣泛流傳。尤其是佛教信奉者，更是經常徵引，流佈更廣。然而，對於該書的作者真偽問題，至今無人關注。徐道彬教授對此早有質疑，認為它是江永裔孫江謙所作而偽託，意欲藉重其祖聲響，弘揚佛教事業。但在客觀上，該書則嚴重地歪曲了江永的治學宗旨和學術精神，有損於醇正儒者的真實形象，也影響了世人對於乾嘉考證學者的看法。徐道彬教授從文獻著錄、原書內證、江謙家世和相關詩文角度進行辨析，將《放生殺生現報錄》一書證偽。

丙編為史部辨偽，包括三篇文章：

（一）《〈里堂書品〉辨偽》

此文作者為司馬朝軍教授。國家圖書館藏抄本《里堂書品》，卷首目錄題為「里堂焦氏書品」，下署「廷琥手錄」。鄭偉章先生在《文獻家通考》以為該書是焦循的「題識」之作。原書共十冊，現存五冊，故見於目錄所記共 449篇，但僅存五冊 167 篇。卷端題為「里堂焦氏書品」，向來被視為焦循之作。

近年揚州大學劉建臻教授試圖將其證僞，但只是在外圍做了一些質疑，因不得辨僞之要領，未能最終將其徹底證僞。捉賊先捉贓。我們要進一步追問：這些文章到底是抄襲誰的呢？根據劉建臻先生提供的零星材料及標題，筆者很快得出一個大膽的猜想：其中有 123 篇可能即是抄襲《四庫全書總目》而成。爲了證成此說，筆者於 2011 年 12 月專程赴國家圖書館查閱原書，逐一詳加對勘，結果發現：《里堂書品》中的 123 篇完全襲自《四庫全書總目》！劉建臻先生花費了不少工夫，證明它不是焦循之作，功不可沒。經過筆者的考證，此書又由僞書變爲了眞書。《里堂書品》的這部分內容實際上是《四庫全書總目》的早期節抄本，其最大的特點就是改變了原書的體例，由提要體變爲了隨筆體。

（二）《〈欽定八旗通志‧藝文志〉真僞考》

此文作者爲司馬朝軍教授。《欽定八旗通志‧藝文志》的史源問題向來未經人提出，筆者在檢索該書時發現許多條目竟然與《四庫全書總目》高度吻合，《欽定八旗通志‧藝文志》共著錄 96 條，有 34 條襲自《四庫全書總目》的同名提要，其中經部 7 種、史部 13 種、子部 6 種、集部 8 種。條目雖只占三分之一強，但字數卻佔了絕大部分。其作僞手法爲：第一，刪去版本著錄，僅《章江集》保留了一條。第二，著錄作者時刪去時代。

（三）《〈草莽私乘〉真僞考》

此文作者爲司馬朝軍教授、王獻松博士。《草莽私乘》，自元迄清初，學者皆以爲輯自陶宗儀，然《四庫全書總目》始疑其爲「好事者依託」。本文對全書二十篇文章逐一考辨，斷定此書確爲陶宗儀抄輯。四庫館臣將其打入僞書之列，既受到文字獄的影響，也與清朝統治者的正統焦慮密切相關。

丁編爲集部辨僞，包括兩篇文章：

（一）《〈心史〉僞書說詳辨》

此文作者爲上海外國語大學陳福康教授。陳教授首先代對方拉出一支隊伍，指出最初僞書說者（徐乾學、閻若璩）心知非僞，而懷疑者（如全祖望、王豫、袁枚）卻說不出什麼道理；又揭露《續文獻通考》與《四庫全書總目》的荒謬，繼而批評錢大昕、吳衡照、方東樹、嚴元照、徐時棟、耿文光、胡玉縉、鄭孝胥、徐乃昌等人的僞書說以及日人古賀精里的僞書說，指出王重民、柳詒徵、謝國楨的智者之失，又批評姚從吾、劉兆祐、林清科、傅斯年

等臺灣學者的偽書說，又對姜緯堂、魯同群、楊玉峰、李敖、張中行、吳德鐸偽書說一一予以辨析，並對偽書說的殿軍汪榮祖、李佩倫提出異議，最後對楊訥、楊鐮等人對所記安東歸期的懷疑予以澄清。陳教授經過長期艱苦細緻地考索，詳細論證鄭思肖《心史》一書不偽。其《井中奇書考》一書凝聚了數十年的心血，必將成為考據學史上大放異彩的奇書。

（二）《〈善餘堂文集〉辨偽》

此文作者為徐道彬教授。《善餘堂文集》為上海圖書館所藏，線裝 1 冊，首頁署有「新安江永慎修著」七字，並鈐有「上海圖書館藏」和「潘承弼藏書記」上下兩方篆文朱色印。《善餘堂文集》收入《清代詩文集彙編》第 248 冊，據民國三十一年合眾圖書館抄本，原書板框高 198 毫米、寬 320 毫米。臺灣「中央研究院」中國文哲研究所於 2013 年出版了由林勝彩點校、鍾彩鈞校訂的《善餘堂文集》，原作者仍然署名為「清江永」。從文獻著錄來看，只有近時的《清人別集總目》和《清人詩文集總目提要》記錄有「《善餘堂文集》1 卷，民國 31 年據吳縣潘氏所抄抄本」。而此前涉及到江永的所有歷史文獻，包括戴震、程瑤田、金榜、劉大魁、姚鼐、江錦波（江永嫡孫）等同時人所記載江氏的年譜、行狀、墓誌銘等傳記文和光緒《婺源縣志》，都從未提到過《善餘堂文集》。其次，無論是《清史稿・藝文志》及其續編和拾遺，還是《安徽文獻書目》，也不曾見有此書。《善餘堂文集》所收文章僅 25 篇，分別是：《太極圖說》、《性理論》、《西銘論》、《朱陸異同論》、《隨筆箚記》、《禘祭說》、《禘祭後說》、《附考群經補義禘祭》、《旅酬下為上坊刻文》、《評及門素衣襲裘文》、《答戴生東原書》、《答甥汪開岐書》、《答程栗也太史書》、《再答汪燦人先生書》、《項鈍庵先生義行傳》、《項竹賢公事實》、《文敷項公小傳》、《岩溪項氏姑媳節烈合傳》、《慎修江先生傳》、《孝友堂記》、《潛德堂記》、《吳侯遺愛說》、《虹川風土記》、《耘經家塾記》，末尾《附戴東原撰壽序》一篇為文集附錄。其中唯有《慎修江先生傳》一文之末，署有「乾隆癸亥嘉平朔旦受業族子永百拜撰」，其他文章皆無署名和時間，有少數篇名與正文內容也不相切合。《太極圖說》、《性理論》、《西銘論》和《朱陸異同論》。文章篇幅短小，文字平白淺近，都是對宋、元、明以來性理學問題的介紹或概述，沒有任何考證和辨析，這與江永「別有管見」的風格可謂風馬牛不相及。《隨筆箚記》內容最為混雜，包括 11 則筆記及江氏與吳紱討論《三禮》的雜錄。《善餘堂文集》並非全是江永的作品。潘承弼先生在《制言》中所選登的，可以說都是江永之作。

書末還附錄了兩篇文章：

（一）《〈紀曉嵐家書〉辨僞》

此文作者爲司馬朝軍教授。《紀曉嵐家書》託名紀昀作，實則絶大多數篇目皆以《閱微草堂筆記》爲藍本進行作僞。其手法之低劣，令人噴飯。

（二）《〈明人小傳〉辨僞》

此文作者爲陳開林博士。《明人小傳》抄本五冊，每冊首題書名，次行下標「檇李曹溶編輯」，鈐國家圖書館藏書印。原書無序跋、無題識、無藏書人印記，經過詳細比勘《明人小傳》和《明詩綜》傳記部分，陳開林博士發現二書內容幾乎完全相同，進而斷定：《明人小傳》的編輯者非曹溶，而是乾隆時期的一無名氏，其姓名已不可考。

最後需要說明的是，本書是課題組集體努力的結果，緣起詳見本書後記，其知識產權屬於所有參加者。因爲是集體項目，成於衆手，雖經我把關，略有刪改潤色，但在行文風格、論述方式等方面儘量保持不變。書中功勞歸於大家，不當之處由我獨自擔當。

文末綴詩二首，不任吟想之至，聊奮藻以散懷。詩曰：

> 一自歐陽書讀少，樓臺霧失古疑風。
> 娲羲本是家兄妹，大禹原爲一介蟲。
> 譽舜無端遭抹殺，靈均有意被抽空。
> 諸君共約明眞僞，煮酒江濱論桀雄。

> 三皇五帝神仙事，太史何嘗騙蠹魚。
> 豈有文章驚海內，可憐驟雨到天除。
> 溫公落職圓鷗夢，趙政中魔廢故書。
> 扭轉乾坤清霧障，通津啓路仰刑餘。

《雲仙散錄詳注》小引

　　唐馮贄《雲仙散錄》一書，自宋以來，多有見疑，至清中葉，《四庫全書總目》判之爲僞書，幾成定案。業師曹之教授初撰《中國印刷術的起源》，即因襲舊說，斥之爲僞書，復撰二文，重申僞書之論。吾留意此書，多歷年所，於師說始而信之，繼而疑之，反覆稽考，小心求證，然後知前人之說多爲影響之談。歷代辨僞之士，往往孤行冥索，翻空出奇，意欲壓倒前賢；甚者蔑古立說，欲以石破天驚之論吸引眼球，未免譁眾取寵。就《散錄》而論，主「僞書說」者不乏其人。一言以蔽之曰，大膽假設有餘，小心求證不足。懸揣臆測，無異治絲而棼，愈辨愈亂，實不足以饜吾心矣。竊以爲，《散錄》一書原本細節生動，淵源有自，絕非南渡以後之人所能僞造焉。況且此書至今有宋本傳世，見於宋人著錄，歷宋、元、明、清，徵引不絕，足證其書大體不僞。論者所舉全部證據皆不見於宋本，豈非咄咄怪事？究其原因，皆未能釐清其版本異同——宋本之外者實出後人附益。豈能以此之僞而遽定全書爲僞耶？或將其視之爲「僞典小說」（羅寧《論五代宋初的「僞典小說」》），亦先入爲主，似是而非，亂貼標籤，未免混淆視聽。惟見知堂周氏視之爲馮氏「自造」（《書房一角·讀〈雲仙雜記〉》），眞乃洞見耳。知堂之文凌轢一時，知堂之識亦足壓群倫矣。

　　嗟乎！《散錄》若不辨明，諸多問題將成死結。故此書之作，猶箭在機上，不得不發也。吾豈好辯哉？吾不得已也。夫眞僞之辨，乃文獻至要之關、生死之結。詩曰：「戰戰兢兢，如臨深淵，如履薄冰。」陶潛亦云：「懼或乖謬，有虧大雅君子之德，所以戰戰兢兢，若履深薄云爾。」可不愼乎！可不愼乎！

甲午玄月著者記於珞珈之麓、東湖之涯

《雲仙散錄詳注》後記

清代金兆燕《棕亭詩鈔》卷六《次韻題尹望山宮保錢香樹司寇吳門倡和詩後》曰：

> 五花賓館對芳洲，七里山塘足勝遊。
>
> 南國冠裳尊二老，西園翰墨著千秋。
>
> 連鑣共逞追雲驥，學步真慚喘月牛。
>
> 鍾呂不嫌竽管並，好排吟席待華驈。

金兆燕爲乾隆年間大詩人，亦爲四庫館臣之一。「五花賓館」典故首見於宋錢易《南部新書》。詩句所述與余所居環境頗爲相合，略有感通，詩興頓起，適逢此書殺青，遂勉力和之。詩曰：

> 櫻花質館〔註1〕對汀洲，十里荷塘足佚遊。
>
> 楚國儒冠尊五老，楓園墨楮寫千秋。
>
> 山中獨著飛雲履，霧隙同封瞬碧侯。
>
> 半寸古丸金不換，詳箋散錄待窮幽。

「飛雲履」、「瞬碧侯」、「金不換」諸典皆見於《雲仙散錄》。惟「五老」用今典，指武漢大學中文系之「五老」（劉弘度、劉博平、黃耀先、席魯思、徐天閔），著書立說，守先待後，守正出新，實爲珞珈之先賢、吾儕之楷模。

珞珈山水，甲於天下。珞珈人文，冠於華夏。弱冠之年，負笈珞珈。幽徑相通，不辨西東。深入石匱，如陷迷宮。遠離琴臺，猶有隱痛。嗟夫！命途多舛，流落江湖，等因奉此，盡搗糨糊。年屆而立，發憤讀書。迷途知返，

〔註 1〕質館，古代接納外族或外國降者質子的館舍，此處借指今之雙規樓。所居東湖公館前面爲省紀委之雙規樓。

不遠而復。重返楓園，揖別屈賈。困學山麓，倉促著書。暇則登高望遠，激揚志氣。繼而遠走雲間，砥礪心性。時光飛馳，轉瞬已歷一世。學無寸進，愧對前哲；學不見道，枉費精神。無樂天之瀟灑，存求眞之本心。脫去名利枷鎖，開啓清高門戶。磨墨何止半寸，窮幽尙待繼續。古人云：「窮幽極深，無所止也。」可不勉哉？可不勉哉？

司馬朝軍
2015/10/10
於武漢大學中國傳統文化研究中心

《〈紅杏山房聞見隨筆〉辨僞》序

　　王獻松博士於 2007 年自河南滑縣考入武漢大學國學班，我那時還在中國排名第一的信息管理學院任文獻學教席，並爲全校學生開設《四庫全書》通識課程，他也選了我的這門課，課餘他非常誠懇地表示願意跟隨我學習傳統學問。見他樸實憨厚，欣然收在門下，用心調教。他一心向學，心無旁騖，進步較快。適逢我主編《文獻學概論》、《四庫全書與中國文化》等書，他也參與其中，有所奉獻。2009 年我應邀撰寫《續修四庫全書》雜家類提要，他也承擔了前期的資料搜集與部分條目的編寫任務。在全中國最美麗的大學校園，我們一道一級一級登上櫻頂，在老圖書館閱覽室翻閱《續修四庫全書總目稿本提要》，後來又輾轉在文理圖書館、哲學學院資料室、歷史學院資料室等搜集資料，印象最深的是在中國傳統文化中心資料室將 90 巨冊《續修四庫全書》雜類著作擺成一條長龍，加班加點核查原始資料。2011 年他的本科畢業論文就是從這批提要稿中選擇了九篇，獲得校內外專家的好評。那年下半年我轉任中國傳統文化研究中心專職研究員，同時兼任國學院經學教授，他接著跟隨我在國學院讀碩士研究生。不幸的是他們這一屆改爲兩年制，淪爲「小碩」，質量大滑坡。儘管他也很用功，也寫出了一篇比較紮實的碩士論文——《〈子華子〉研究》，但還沒有學會撰寫期刊論文。2013 年 9 月他又考取我的博士生，開始了一段艱辛的寒窗苦讀。我當時對他比較嚴厲，敦促力度較大，他一度也感到苦悶彷徨，一連幾個月獨自待在學校圖書館內檢索文獻，反覆揣摩學術八股的訣竅，精誠所至，金石爲開，忽有一日，豁然開朗。見他開竅，我也欣然自得，任他跑馬圈地。在他前後入門的其他幾位博士生就沒有他這麼幸運，吃不了這份苦，受不了這等罪，紛紛另謀出路。後來有

學生前來聯繫，我以「九死一生」的實況直言相告，從此門前冷落鞍馬稀，只有那些「一不怕苦、二不怕死」的敢死隊員才有膽量跟著我。學官們對我意見甚大，批評我管理太嚴，甚至揚言要追究我的責任，有的學官還假惺惺地現身說法，傳授所謂的秘訣（實際上就是「害人經」），而我死不改悔，一直秉承黃焯先生的遺訓：「博士論文要爲國爭光。」我決不給任何投機分子以任何投機機會，我的迂腐被視爲笑談，實際上中國博士學位早已被大量廉價批發。多少達官貴人不費吹灰之力就戴上了博士帽，甚至富豪們也加入了搶「黑帽子」的行列。嗚呼！博士制度在短短的幾十年間就腐化墮落了。我要說的是，王獻松無愧於博士的稱號。2017 年 5 月，我特地趕回母校，邀請詹海雲、謝貴安、胡治洪、張固也、徐道彬等著名教授，爲他舉行博士論文答辯。我三度與珞珈山結緣，曾經以繼承珞珈山的學統而自豪，更爲培養出合格的博士而欣喜。

這本《〈紅杏山房聞見隨筆〉辨僞》並不是他的博士論文，而是在寫作博士論文之前的一個副產品。我起初讓他以顧炎武學術爲對象，展開博士論文前期準備，他以《顧炎武學術史研究》爲題申請了武漢大學博士生自主科研重點項目。此前我爲研究生舉辦了各種讀書班，先後研讀過《漢書藝文志》、《子略》、《四庫全書簡明目錄》、《四庫全書總目》、《輶軒語》、《書目答問》等書目文獻，儘管多多少少也有一些收穫，但總的感覺是學生讀書太少，功力太淺，難以深入，容易浮在面上。至此我也改弦更張，從自身閱讀雜家著作的實際經驗出發，開始與研究生一道研讀顧炎武的代表作《日知錄》。不久，王獻松跟我談到，他發現了一部僞書。我剛好獲得一個「辨僞研究書系」的重點出版項目，讓他趕緊放下手頭的雜務，集中精力趕寫初稿。他夜以繼日，經過一番苦戰，拿出了一份沉甸甸的初稿讓我審閱。我表面不動聲色，甚至吹毛求疵，實則欣欣然有喜色。當時他已經將相對容易的材料基本上處理完了，還有將近 200 條比較複雜的材料沒有查明抄襲來源，我傳授一些檢索技巧，讓他進一步擴大搜索範圍，翻閱相關的文獻典籍。他又經歷了一番「上窮碧落下黃泉」的辛苦爬梳，最後只剩下 6 條沒有查明來源。這「第一桶金」對於一個尚未畢業的博士生無疑是一份值得慶賀的成果。

《紅杏山房聞見隨筆》是一部按內容進行分類的學術筆記，全書共 908 條，分經訓、讀史、解字、輿地、時序、格致、稱謂、醫藥、仙佛、人才、忠孝、巾幗、詞翰、學校、選舉、職官、葬祭、談苑、術數、寶玩、怪異、

鳥獸蟲魚、草木花果、外域二十四類，內容涉及到傳統社會生活的各個方面。對這樣一部內容紛繁複雜的著作進行文獻辨偽工作，無疑對研究者的知識積累和學術訓練提出了很高的要求。但王獻松博士的這本《〈紅杏山房聞見隨筆〉辨偽》，基本上很好地完成了這一任務。具體而言，該書主要有以下特點：

第一，追根溯源，考察抄襲來源。在文獻辨偽之中，考察文獻的抄襲來源是一種最基本的方法，這也是作者運用的主要方法。在全書 908 條中，作者除 6 條（占 0.66%）未考察到抄襲來源外，其他 902 條（99.34%）均考察出其文獻來源，完全可以判定《紅杏山房聞見隨筆》的偽書性質。在具體的條目中，作者先列其抄襲來源，以與原書條目相對照，並以按語形式描述其增刪改竄情況，逐條展現《紅杏山房聞見隨筆》的作偽細節，很好地完成了文獻探源的工作。

第二，定性定量，分析作偽情況。除對全書條目進行文獻來源考察之外，作者在《前言》部分還從定性、定量方面，對抄襲來源的文獻數量、抄襲是否交代文獻來源以及抄襲文獻的頻次作了分類和統計，從整體上展示了《紅杏山房聞見隨筆》的主要作偽情況：就具體某一條目而言，它以抄襲某一部書中的條目為主（占 95.594%），而且大部分條目都隱匿文獻來源（占 94.493%），在抄襲所涉及的著作中，又以抄襲顧炎武《日知錄》、王應麟《困學紀聞》為最多（共 271 條，占 29.946%）。

第三，總結歸納，指明作偽特點。作者在對抄襲來源所涉文獻進行總結時，還進一步歸納了《紅杏山房聞見隨筆》「連續抄錄同一文獻」和「抄錄叢書」的作偽特點。其中《紅杏山房聞見隨筆》「抄錄叢書」涉及著作共 54 種，條目凡 491 條，占全部條目的一半以上：抄錄《知不足齋叢書》中著作 47 種，涉及條目 422 條；抄錄《說鈴》中著作 4 種，涉及條目 22 條；抄錄《陸雲士雜著》中著作 3 種，涉及條目 47 條。可以說，《紅杏山房聞見隨筆》有 80%以上條目，來源於《日知錄》、《困學紀聞》、《知不足齋叢書》、《說鈴》、《陸雲士雜著》5 部著作。

2009 年我獲得國家社科基金項目「文獻辨偽的集成與創新」，2015 年結項，當時此書也是其中的一部分。我自 1999 年開始引發辨偽興趣，經過 20 年的探索，完成了一系列文獻辨偽學的論著，成為辨偽專業戶。有道是：「十年樹木，百年樹人。」我們所從事的專業乃是絕學冷門，成材率極低，學生之中惟有獻松君有所發現，有所推進。捧讀此書，喜不自勝。顧炎武以「博

學於文，行己有恥」自勉。我們研治顧學，也當以此八字交相勉勵。獻松君今當而立之年，年富力強，當再接再厲，戒驕戒躁，勇猛精進。

2018 年 4 月 18 日序於上海文淙閣

《文獻辨僞學論著篇目索引》後記

　　1998 年的秋天，我第二次來到珞珈山，從一個公務員變成了一個博士生，這無疑是我生命中的又一次重大轉折。早已厭倦了污濁的機關生活，我終於回到嚮往已久的學術生活軌道。在珞珈山麓，在業師曹之先生的引導下，我開始了文獻學的研習與四庫學的拓展，夜以繼日，苦苦探索。在珞珈山麓的簡陋宿舍中，在獅子山頂的古樸書室裏，我不知疲倦地撲在書本上，像一個飢餓的漢子見到了滿桌的盛宴，像一個饑渴至極的旅客找到了荒漠甘泉。

　　曹之先生當時如日中天，他以《中國古籍版本學》《印刷術的起源》兩部書奠定了學術地位，《中國古籍編撰史》甫一問世，也得到學界的肯定，他正開始「中國圖書文化史」的宏大構思之中。我是曹門第一個博士生，也得到他格外的關注。曹師命我聚焦《四庫全書總目》，從文獻學的角度挖掘其豐富內涵。這本是他的計劃中的一部分，我很榮幸地成爲「曹家軍中馬前卒」。《四庫全書總目》規模宏大，且與《四庫全書》密切相關，一般人不敢問津，也決不會將它作爲博士論文題目。曹師好像用金箍棒在地上畫了一道圓圈，把我牢牢地圈在了這個圈內。

　　這個圈其實是一個很大的圈，內有分類學、目錄學、版本學、校勘學、辨僞學、輯佚學、編纂學、考據學、詮釋學等。當時我勃勃陽陽，也只有這種大題目才比較符合我的胃口。我不喜歡小打小鬧，要幹就幹他個轟轟烈烈。三年的辛勤耕耘，終於完成了博士論文《四庫全書總目研究》。

　　在涉足了各個分支學科之後，我發現辨僞學別有洞天，是一個值得繼續探索的神秘世界。我在進入復旦大學博士後流動站之初，本來是想做辨僞學的研究，萬萬沒有想到，在開題會上，王水照等先生提出了異議，朱維錚先

生更是明確否定明代以前有辨僞學，當時年輕氣盛，頗爲不服，後來才眞正領會老先生們的苦心，在短短兩年時間內，絕對難以完成如此巨大的課題。我自博後出站之後繼續做辨僞，撰寫了系列論文，也完成了若干專題研究，不久得到學院資助，出版了一本專題論文集《文獻辨僞學研究》。

　　20 年間，我先後出版了幾十種圖書，不少成了高頻引用之作。但《文獻辨僞學研究》是令我後悔莫及的一部書，本來這是一本專題論文集，出版社當時勒令我改裝成專著。這種「僞裝體」當時是一個流行病，好像論文集的價值不及專著，這種違反國際常識的做法現在成了笑話，但當時確實是一種普遍現象。臺灣學者不瞭解實際情況，就以專著的標準批評我。雖說批評的「火氣太大」（林慶彰先生語），我也默默承受。《文獻辨僞學研究》書後附錄了一個辨僞書目索引，出現了一點點低級錯誤，出版前未能消滅在萌芽狀態，出版後也讓我無地自容。林慶彰先生曾經諄諄告誡我不要急於出書，當時這本書確實出得「多快好省」。此次已經一一訂正訛誤，藉此獨立成書之機謝罪。此次來不及編製作者索引，謹致歉意。

2018 年 12 月 26 日記於上海文淙閣

【國學之什】

《國故新證》自序

子曰：「溫故而知新，可以爲師矣。」吾今爲之下一轉語，曰：「溫故而知新，可以爲大師矣。」或曰：「孔子吐詞爲經，一字千金。爾何人斯，膽敢篡改孔子之語？」對曰：「孔子之言，並非句句皆是眞理，此語雖善，猶未至善。今添加一字，聊爲補足其說耳。」

居孔子之世，禮崩樂壞，天下無師也。孔子周遊列國，無功而返，溫三代之故，整理六經，闡發新知，終爲萬世之師矣。居今之世，滔滔者天下皆是老師也。至中古之時，魏晉人分九品。今日之師亦有上上、上中、上下、中上、中中、中下、下上、下中、下下之分矣。惟上上之師寥若晨星，而下下之師車載斗量，多如牛毛矣。

現代通儒楊樹達先生嘗撰《溫故知新說》，大旨謂：「溫故而不能知新，其病也庸。不溫故而欲知新，其病也妄。」偉哉斯論！此文有的放矢，瞄準黃侃、胡適。據《積微居日記》記載：「溫故而不能知新者，謂黃侃；不溫故而求知新者，謂胡適也。」黃侃、胡適在「五四」以後分居新舊營壘，形同水火，不共戴天，僞古僞新，分庭抗禮。新舊之爭，至是而極矣。

至若黃侃溫故而不能知新，其病也庸，故花天酒地，無聊之至；胡適不溫故而欲知新，其病也妄，故信口開河，淺薄透頂。黃侃荒淫無恥之事，已大體載入拙編《黃侃日記校注》。吾當初雖自章黃之學入門，亦不得爲之諱也。胡適自謂：「但開風氣不爲師。」非不爲也，是不能也。其淺薄之爲人，膚淺之學識，何足爲後世師法？彼所開之風氣，主全盤西化之說，仇視傳統，厚誣古人，蔑古立說，所謂整理國故而國故亡，至今仍然遺毒無窮，無怪乎牟宗三先生直以淺薄斥之矣。

　　溫故而不知新，尙且號曰舊學之大師；知新而不溫故，亦可呼之爲新文學之開山祖師。如此庸妄鉅子，尙得屍二十世紀學界之大位，故吾曰：「溫故而知新，可以爲大師矣。」絕智棄辨，絕僞棄詐，絕巧棄利，或獨學而時習之，或麗澤而講習之，優游涵泳，漸修頓悟，忽有一日，新知終如萬斛泉水汩汩湧現焉。

　　天下皆知僞之爲僞，斯眞已；皆知眞之爲眞，斯不眞已。眞僞相生，如影隨形。是以學者欲究古今之事，須首重眞僞之辨焉。俗云：「眞理愈辨愈明。」然近人古史之辨，愈辨愈惑；古書之辨，愈辨愈亂。無他，所操之術誠疏也！吾豈好辨哉，吾不得已也。

《國故新證》後記

　　是夕冬至，寒潮驟至，杜門卻掃，閉門思過。自發蒙迄今，已逾三十年矣。古稱三十年爲一世。每念及此，惶恐不已。夫子三十而立，四十而不惑。大哉孔子！吾何人哉，十五而志於學，弱冠而遊學四方。自南而北，類如轉蓬；自西而東，首如飛蓬。然三十不立，四十而惑。易簡工夫爲何難以久大？支離事業爲何難以陸沉？惑而難解，惑之甚矣。今蹶然而起，草擬對聯一幅。聯曰：

　　　　上聯：下笨工夫

　　　　下聯：做死學問

　　　　橫批：霸蠻

銘之座右，矢以天日。我乃南蠻之人，「霸蠻」乃蠻夷之共性。或謂：「天下聰明人多矣，然多不用功，不足畏也。聰明人若下笨工夫，可畏哉！」自古文章出司馬，史遷「蠢」來溫公「傻」。史遷不會察言觀色，雷霆萬鈞之際，膽敢爲叛將說話，何其「蠢」哉！溫公放棄高官厚祿，組團編纂史書，不亦「傻」乎！「司馬」合音諧「傻」，我亦甘做司馬家中一大傻，行年四十，故改號曰「傻公」。傻公若不下笨工夫，只有笨死一途矣。既爲傻公矣，模擬古人之文，特撰《傻公移山》一文以言志。文不足千字，全錄如次：

　　　　四窟、鞭尾、烏金三山，呈品字形，巍然矗立，直插雲霄，終
　　　年雲遮霧繞，故不知其高幾千仞，方幾萬平方公里也。本不在神州
　　　之域，不知從何而來也。或謂自天而降，或謂天邊飛來，或謂地底
　　　竄出，或謂聖人造就，皆未可知也。湖南傻公者，年且四十，面山
　　　而居，懲山北之塞，出入之艱也，聚室而謀曰：「吾與汝畢力平險，
　　　打通四窟，疏通鞭尾，挖掘烏金，可乎？」雜然相許。其妻獻疑曰：

「以君之力，曾不能損尼山之丘，如四窟、鞭尾、烏金三山何？且焉置土石？」雜曰：「投諸洞庭之尾，湖南之北。」遂偕友人荷擔者七夫，即石墾壞，箕畚運於洞庭之尾。鄰人軒轅氏之孀妻有遺男，始壯，跳往助之。寒暑易節，始一反焉。

　　湖北慧叟笑而止之曰：「甚矣，汝之不惠！全民經商，發家致富者不知其幾億萬矣。多快好省，立竿即可見影矣。汝以英年碩學，正可大有作爲，卻不務正業，日事毀山，勞神費力，既不能立爲國家級重點工程，亦不能列入跨世紀重大項目，豈可得一毛之補助、獲一分之收益乎？何苦哉！何苦哉！且毀掉三座大山，環境破壞，生態惡化，水土流失，吾儕何處安身？何不轉換腦筋，調整視角，利用三座奇山，開發旅遊資源，吸引天下閒人，招徠四方之客？汝等充任嚮導，既可日餐秀色，亦可日進斗金，坐享其成，何樂不爲乎？」湖南傻公長息曰：「汝心之固，固不可徹。百家好酒，壇壇兌水，猶可飲也；國產奶粉，袋袋添毒，曷可食乎？見利忘義，急功近利，無異於飲鴆止渴也。汝輩羽扇綸巾，坐而論道，空談誤國，不思悔改，反欲繼續忽悠，阻我大業。我豈好利哉？我豈好名哉？富貴於我如浮雲，虛聲於我如糞土也！夫四窟、鞭尾、烏金之山，誠天下之奇山也。四窟山中，赤豹文狸，神出鬼沒；鞭尾山下，薜荔女羅，時聞嗚咽；烏金山上，光怪陸離，怪影綽綽，恰如 UFO，來無影，去無蹤。我若充任嚮導，誘人前往，無異乎謀財害命也。我若移走三山，可謂爲後世開太平矣。至於破壞眼前環境，妨礙既得利益，實兩害相較取其輕，不得已而爲之也。」湖北慧叟亡以應，永杜田巴之噱（於丹教授念「噱」字爲「篆」音，良堪噴飯）矣。

　　扯蛋之神聞之，懼其不已也，告之於帝。帝曰：「天下名山何其多，挖掉幾座又何妨？有道是，慧叟幹好事，傻公幹大事。傻公是個好同志，由他挖去吧。」扯蛋之神奉此最高指示，亦永杜田巴之噱矣。湖南傻公聞之大笑，曰：「我雖至傻，我心至堅。我心天知，畏途終將化爲通衢焉。」

文中所謂「四窟」、「鞭尾」、「烏金」，即四庫、辨僞、五經之學也，乃吾致力之三大領域，亦吾心頭之三座大山也。打通四庫，疏通辨僞，挖掘五經，誠傻公之愚志也。雖不能至，心嚮往之。

　　近日，我將近年所撰之文，選編而成《國故新衡》、《國故新證》二集。前者關乎宏觀，欲就若干學術、文化問題提出一己之見。後者關注微觀，尤其集中於文獻的辨僞與考證。前者雖然獨抒己見，曲高和寡，暫時無人問津，仍將待字閨中；後者因被列入資助出版計劃，得以先出閣矣。

　　夫望遠之鏡，不見細菌；高射之炮，難中蚊子。義理、考據，各有其能，亦各有其不能。望遠之鏡，高射之炮，非吾之具；高談義理，空論宇宙，亦非吾之能。嗟夫！道之在天下，賢者識其大者，不賢者識其小者。「極高明而道中庸」，於我可望而不可及也。天生我材，何曾不欲「闡舊邦以輔新命」？惜乎傻而不賢，太不成器，思想貧乏，學問平庸，做點材料工作，爲賢者供給鋪路石子焉。「伯也執殳，爲王前驅。」撲蚊滅菌，掃雷探路，如是而已，豈有他哉！然學問並非坦途，有陷阱焉，有暗礁焉，有地雷焉，有暗箭焉。若不小心求證，則隨處可入陷阱焉，觸暗礁焉，踩地雷焉，中暗箭焉。古今多少賢者，沙上可築金字塔，膽不可謂不大矣；口中若懸通天河，識不可謂不高矣。若一時疏忽，甚或聰明過頭，信口開河，妄下雌黃，難免授人以柄，貽笑大方，可謂不幸之甚矣。此所以辨僞考證爲國故研究之第一難關也。新世紀之巨擘大王，筆墨瀾翻之際，若能去僞存眞，免遭種種無妄之災，盡展其才，則幸之甚矣！

戊子冬至深夜草擬，翌日上午敲定

《國故新證》補記

孔子謂子夏曰：「女為君子儒，無為小人儒。」漢儒馬融曰：「君子為儒，將以明其道；小人為儒，則矜其名也。」所言極是。而清儒劉寶楠《論語正義》云：「君子儒，能識大而可大受；小人儒，則但務卑近而已。君子小人，以廣狹異，不以正邪分。」其說似是而非。君子小人歷來以正邪分。君子儒道貫古今，德陪天地，胸中灑落，如光風霽月，代有其人，在孔門為顏回、曾參，在漢為鄭玄、盧植，在唐為顏真卿，在宋為周、程、張、朱與司馬溫公，在現代為熊十力、梁漱溟。小人儒巧言令色，既驕且吝，傷天害理，史不絕書，在孔門為樊須，在漢為公孫弘，在三國為曹操，在五代為馮道，在宋為王安石，在明為嚴嵩，在清為李光地，在現代為胡適之。善乎宋代胡銓對策曰：「臣嘗論東漢之亡與李唐大略相似。東漢之季，閹童亂政，毒被生靈，豪傑據郡而起，天下遂裂為三國。唐末宦者蠹於內，藩鎮潰於外，天下遂磔為五代。然三國之士，其好惡去就尚有可觀，雖天厭漢德，而劉氏猶擁虛器，亦卒以禪代終。五季之亂，其臣皆兇狠頑鄙，戕賊君親，專為梟雄。豈天於東漢之季獨多君子，而唐末專為小人哉？誠風俗染激然也。」唐末五代被饒宗頤先生稱之為「無恥時代」。歷史往往循環無端，現在斯文掃地，群起逐利，小人道長，君子道消，似乎又進入了新一輪「無恥時代」。

....

我自弱冠即問字珞珈諸老先生之門，鑽研文字聲韻訓詁之學。雖說沒有吃過豬肉，但也見過豬跑。一部《說文解字》不敢說「韋編三絕」，但也啃過多遍，也曾一字一句抄錄《爾雅》、《小爾雅》、《釋名》等書，也曾一字一句啃過九經三傳，也曾在寒窗下籀讀《太史公書》，並以先秦典籍對讀。每前進

一步，皆有高人指路。惜乎生性愚魯，博士及第太遲，到而立之年才金榜題名。我曾兩度衝擊漢語史專業博士考試，第一次報考因爲準備太倉促，赤膊上陣，結果名落孫山；第二次因爲名額問題，我從武漢大學文學院轉入信息管理學院，從漢語史專業轉入文獻學專業，學術方向雖然有所轉向，由約轉博，出文入史，瀏覽四部，但在小學方面未能繼續深造，僅有一堆雜亂的草稿留待來年處理，愧對那些對我寄予殷切希望的老前輩們！

　　我年輕時也曾迷信過某些俗不可耐、老氣橫秋的專門家，後來，我深切地感受到他們身上發散出來的種種怪異之氣，我氣得渾身發抖，我爲他們的無恥行徑難過得要命，甚或感到深深的悲哀——他們的學術之路爲什麼越走越窄？他們的心胸爲什麼越來越老？他們的手眼爲什麼越來越俗？他們的器量爲什麼越來越小？他們的手段爲什麼越來越毒？他們的人格爲什麼越來越變態？他們的人性爲什麼越來越異化？唐代大儒韓愈詩云：「《爾雅》注蟲魚，定非磊落人。」現代哲人張申府亦云：「有的人日日所斤斤的不出乎字句之間。當然這也自有其好處，並不可以抹殺。可是度量卻難期其寬宏了。」（《所思》第6頁）信哉斯言！古語云：「與善人居，如入芝蘭之室，久而不聞其芬，與之化矣。與不善人居，如入鮑魚之肆，久而不知其臭，與之變矣。是以古人愼所與處。」於是，我甘拜下風，割席而去，退避三舍，落荒而逃，決意掃除結習，澡雪精神，閉門潛修，朝乾夕惕，敬德修業，走我自己的路。

　　最後，綴以《四十自述》一首。詩雖不工，歌以詠志。詩曰：

　　　　我本南蠻農家子，家在洞庭湖中湖。
　　　　我亦乾坤一腐儒，平生酷愛讀詩書。
　　　　十三喜誦李杜詩，十四沉湎暴風雨。
　　　　十五披閱三家村，十六默記八家書。
　　　　十七誤讀煩惱辭，十八始編黃侃譜。
　　　　廿七發憤讀周易，樂在其中不知苦。
　　　　而立之年苦攻博，日夜披覽四庫書。
　　　　恰似劉姥入大觀，又如迷路之漁夫。
　　　　一字一句究來源，上天入地覓證據。
　　　　由表及裏辨眞僞，由此及彼順藤摸。
　　　　不幸染上辨僞癖，人生難得是糊塗。
　　　　黃鶴樓下未過癮，復乘黃鶴下黃浦。

旦復旦兮啃提要，恍兮惚兮如吸毒。

中毒太深不可救，日夜草就百萬書。

博士論文不值錢，中華書局不肯出。

商務雖號印書館，不見銀子亦不出。

山窮水盡疑無路，忽聞社科可資助。

苦等一百八十日，欣聞拙編入文庫。

遍告海內師與友，衝上山巔鼓與呼。

林間山禽皆驚起，山花沖落半山路。

辭別滬上鳳起樓，從此結廬在東湖。

東邊開門即湖山，南邊林木好蔥鬱。

西邊緊靠療養院，北邊號稱環保局。〔註1〕

博士行年已不惑，閉門只讀聖賢書。

而今但做磊落人，爾雅何必注蟲魚！

〔註 1〕李白《題東溪公幽居》詩：「宅近青山同謝朓，門垂碧柳似陶潛。」藉此比擬
　　　　我以前在武昌的舊居，庶幾近之。武漢大學某教授曾經爲附近一棟名樓擬廣告
　　　　詞云：「珞珈之下，東湖之上。」當時一字千金，不免俗氣。

《國故新衡》小引

　　圖書文獻學與中國古典文獻學、歷史文獻學並爲文獻學的「三駕馬車」，三者之間既相互區別，又存在交叉重疊，大致是核心區清楚，而邊界模糊，它們之間的分野問題歷來說不清道不明，難以劃清界線，但它們學科「戶口簿」上分別隸屬於「圖書館、情報與檔案管理」、「中國語言文學」、「中國歷史」，因此文獻學也就呈現出「三足鼎立」的局面。我對於三個方面皆有所涉獵，而對圖書文獻學尤爲偏愛。我自 1986 年進入武漢大學中文系漢語言文學專業學習，同時研修圖書館學的核心課程（如目錄學、版本學、中文工具書、古籍編目、文學文獻學、歷史文獻學等），碩士階段在職研修漢語史，博士階段又在武漢大學圖書館學系攻讀古典文獻學，博士後又進入復旦大學中文流動站，出站後回到武漢大學任職於圖書館學系，執教八年，講授文獻學、文史工具書等課程。這種鐘擺一樣反覆搖擺於中文系與圖書館學系的特殊經歷，使得我很早就與圖書文獻學結下了難解之緣。從目錄書（如《書目答問》、《四庫全書總目》）出發，縱覽各種叢書（如《四庫全書》、《四庫全書存目叢書》、《續修四庫全書》）、類書（如《永樂大典》、《古今圖書集成》），熟悉形形色色的工具書，通讀歷代雜家著作，通考古今僞書，橫跨經史子集，在圖書文獻學的版圖上劃出了一個個小「據點」，連成一線，恰好成爲一條主要的「戰線」。

　　經過長期的探索與思考，近年我對於古代圖書已經形成了比較系統的看法，初步在《文獻學概論》等書中做了表述。最近在圖書分類方面又有所突破，本來想完成升級換代，撰寫一本《圖書學新論》的專著，以便全面系統地闡發新意，但手頭的事情比較多，一時無法集中精力來做這件事，現在只

能將以往所寫的與此相關的文章集中起來，先行出版一本國學文集。全書分為四輯，第一輯為綜論，收入 5 篇；第二輯為專論，收入 9 篇；第三輯為綜述，收入 6 篇；第四輯為書評，收入 6 篇。內容各異，形式多樣，但形散而神不散，都屬於國故之學，故以《國故新衡》為題，且與先前出版的《國故新證》配套。作為一名從百年老校摸爬滾打出來的國學教授，今後仍將一如既往地鑽研國故之學，努力篇籍，發憤求明，多打幾口深井，多出幾篇像樣的文章，陸續推出《國故新論》、《國故新語》、《國故新評》等系列論文集。研究生王獻松、曾志平、沈科彥、童子希以及王朋飛、黃聿龍等對於本書的部分文章皆有所貢獻，謹此致謝。

《楚辭·卜居》：「世溷濁而不清，蟬翼為重，千鈞為輕；黃鍾毀棄，瓦釜雷鳴；讒人高張，賢士無名。」浮躁之氣如同霧霾一般「籠蓋四野」，一時魚龍混珠，真偽難辨，所謂聰明之士往往渾水摸魚，投機取巧，巧取豪奪，橫刀奪愛，搶灘護盤，以次充好，以假亂真，炮製「米湯大全」，大搞「豆腐渣工程」，可謂亂象叢生，險象環生，學術生態嚴重失衡，學術共同體被非學術人士與假權威劫持。文風不正，學術空氣已經嚴重毒化。《詩》云：「俟河之清，人壽幾何？」在此學術失範之際，這本書似乎有點不合時宜，因為書中直言不諱地批評了一些所謂學者的所謂論著，快刀斬亂麻，決不留情面。我們不搞標新立異，不搞譁眾取寵，稟承學者之使命，恪守實事求是之宗旨，辨章傳統學術，考鏡文化源流，進而維護學術的尊嚴。

2016 年元旦初稿於上海國學路
2018 年元旦修改於上海國年路

《子略校釋》解題

　　《子略》，係南宋高似孫擇取「子部」中諸子著作，依次分卷編纂而成的一部專科目錄。下面主要從作者生平和主要著述、本書內容與主要學術價值、前人對本書的評論、本書的研究現狀、版本源流以及底本與校本的確定情況、此次整理的個人創獲等方面加以說明。

一、作者生平和主要著述

　　高似孫（1158〜1231）〔註1〕，字續古，號疏僚，浙江鄞縣（今屬寧波）人，後遷居嵊縣（古稱剡縣）。似孫為高文虎長子。宋孝宗淳熙十一年（1184）進士，賜文林郎。紹熙元年為會稽主簿，慶元五年除秘書省校書郎，翌年任徽州通判。嘉泰元年知信州，開禧二年知嚴州。嘉定元年封通議大夫、知江陰軍，後與祠祿。嘉定十六年除秘書郎，次年升著作佐郎，兼權吏部右侍郎。寶慶元年出知處州。進官中大夫，提舉建康府崇禧觀。紹定四年卒於嵊縣，贈通議大夫。

　　其父高文虎（1134〜1212），字炳如，號雪廬，紹興三十年進士，與修國史及皇帝實錄，寧宗朝曾先後任中書舍人、翰林學士兼侍讀等職，官至翰林院華文閣大學士。著有《蓼花淵聞錄》一卷。據《剡南高氏宗譜》卷三《內

〔註 1〕詳見左洪濤、張恒《兩宋浙東高氏家族研究——以由鄞遷剡的高氏家族及其文學為中心》第三章《個案研究——高似孫的生平與相關問題》（海洋出版社 2010年版）。據民國 20 年（1931）高我桂等第七次續修的永思堂木活字本《剡南高氏宗譜》卷三《內紀行傳》載：「（高似孫）生於紹興戊寅（1158）二月初三日，辛於紹定辛卯（1231）十月十五日。娶侍郎趙磻公之女，封恭人，合葬剡北金波山父墳側。事見《邑志》並《傳》。生二子，普、歷。」

紀行傳》載，（文虎）「有《天官書集注》傳世。博物洽聞，編修國史，性愛山水，慶元中入剡，建玉峰堂藏書僚於金波玉岑山，即明心寺之東麓也。卒葬其處，爲南渡始祖。生於紹興甲寅六月廿三日，卒於嘉定甲戌五月初一日。配太學生升上舍紹興丙寅科貢士周世修字德遠公長女，合葬剡北金波玉岑山明心寺左，事見邑志並傳。生二子，似孫，飲孫，一女適司農卿趙士逸」。

據其嗣孫高祐所撰《疏僚公行述》記載：

> 公諱似孫，字續古，號疏僚，生於鄞，從父雪廬公來剡。自幼穎悟嗜學。凡讀書過目成誦，詩古文詞，涉筆即工，不待思索。又屬意尋山水之勝，遇跡必考，遇物必詳。剡中諸美，爲所襟收。嘗與舅氏周子瑞、周子章等同學，晨夕坐談文藝，討論典制，相契最厚。前守處州，有《緯略》、《騷略》等作，所言皆道術權變、調劑文武之義。嘉定朝，剡令史安之亦鄞人，慕祖才名，以剡典故無稽，求之作志。乃爲撰《剡錄》十卷。凡山川、城社、人物、景跡，細及土產、風俗、茶品、泉味，有辨罔不詳悉，剡邑爲之發耀。家居宦任，著述極富，每爲文士習誦。又善以孔孟之旨，借發於淺近之言，邑中名俊類奉爲宗法。持躬最謙藹，雖倉卒，無失常容。平居未嘗有躁怒之狀。紹定辛卯卒，葬於金波山。縉衿慟哀，送葬者百數，群奉主入賢祠，春秋牲祀。〔註2〕

縱合宋代文獻資料、《宗譜》和臺灣知名學者黃寬重先生的研究，其一生大致可以分三個階段：（一）鄞縣時期。此期高似孫經歷了對其一生具有重大影響的兩件事：隨其父遷剡和爲其父守孝。主要是因爲高氏父子在黨爭中緊跟韓侂冑，而在韓氏被殺之後，高似孫在仕途上無疑遭受了較大影響。（二）居剡時期。高文虎被奪職後，遂於慶元中入剡，建玉峰堂、秀堂、藏書、雪廬於金波山明心寺之東麓。高似孫亦隨父居嵊。居鄉期間，高似孫一方面寄情於奇山異水之間，剡中山水之勝，甲於東南，人文之景觀亦夥，如右軍之金庭，安道之故里，「留連娛目，令人應接不暇」（語見《高似孫集·周舅氏家乘序》）；另一方面研讀典籍，發憤著書。高似孫著作可確定作於此期的有《緯略》（1212）、《剡錄》（1214）。（三）由剡重入仕途至去世。嘉定十六年（1223）五月，高似孫再度入任秘書郎，十七年九月，除著作佐郎兼權吏部侍右郎官。寶慶元年（1225）九月知處州，頗有政聲。

〔註2〕見《剡南高氏宗譜》卷一。

高似孫雖然在天資、家學、著述、政績等方面具有一定的優勢，又與同時名公巨卿如洪邁（1123～1202）、陸游（1125～1210）、周必大（1126～1204）、樓鑰（1137～1213）、辛棄疾（1140～1207）等人多有交往，但在宋代理學家眼中，高似孫無疑被視爲另類，因其捲入黨爭，其人品問題也成爲爭論的焦點。同鄉前輩樓鑰非常欣賞高似孫其人其文，所擬《自代狀》盛稱：「右臣伏見文林郎紹興府會稽縣主簿高似孫，夙有俊聲，能傳家學，詞章敏贍，吏道通明，臣今舉以自代。」〔註3〕從家學、詞章、吏道等方面給予高度評價，故力薦以自代。而與此形成鮮明對照的是，他被人戴上了「不忠、不孝、不仁、不義」的帽子。如宋代陳振孫《直齋書錄解題》卷二十對其人其文皆有相對嚴厲的批評：

> 《疏僚集》三卷，四明高似孫續古撰。少有俊聲，登甲辰科。不自愛重，爲館職，上韓侂胄生日詩九首，皆暗用「錫」字，爲時清議所不齒。晚知處州，貪酷尤甚。其讀書以隱僻爲博，其作文以怪澀爲奇，至有甚可笑者。就中詩猶可觀也。

「爲時清議所不齒」，「貪酷尤甚」，可見其人品之劣；「其讀書以隱僻爲博，其作文以怪澀爲奇」，可見其文品之劣。幸好最後說了「詩猶可觀」，沒有將其全盤否定。宋盛如梓《庶齋老學叢談》卷中之上亦將他與辛棄疾一道大加譏諷：

> 《宋史》載，韓侂胄用事時，其誕日，高似孫獻詩九章，每章用一「錫」字；辛棄疾以詞贊其用兵，則用司馬昭假黃鉞異姓眞王故事。是誠何心哉！士大夫所守必正，可仕則仕，可止則止，一以孔孟爲法，斯不失爲君子。如疏僚、稼軒，負大文名，而有此作穢名史冊。悲夫！

給韓侂胄獻「九錫」〔註4〕詩，諂媚姦臣，被認爲對皇上「不忠」。此其一也。陳振孫《直齋書錄解題》卷十四「《蘭亭考》十二卷」之解題云：

> 其書始成，本名《博議》，高內翰文虎炳如爲之序，及其刊也，其子似孫，主爲刪改……其最甚者，序文本亦條達可觀，亦竄改無完篇，首末缺漏，文理斷續，於其父猶然，深可怪也。

〔註3〕見樓鑰《攻媿集》卷三十一《除給事中舉高似孫自代狀》。
〔註4〕九錫，古代天子賜給諸侯、大臣的九種器物，是一種最高禮遇。魏晉六朝掌政大臣奪取政權、建立新王朝率皆襲王莽謀漢先邀九錫故事，後以九錫爲權臣篡位先聲。

又周密《癸辛雜識》別集下「銀花」條載亦云：

> 高疏僚一代名人，或有譏其家庭有未能盡善者。其父嘗作《蘭
> 亭博議敘》，疏僚後易爲《蘭亭考》，且輒改翁之文，陳直齋嘗指其
> 過焉。近得炳如親書與其妾銀花一紙，爲之駭然，漫書於此。（下
> 略）

宋人據此認爲高似孫「不孝」。此其二也。周密《癸辛雜識》續集載：

> 高疏僚守括，因有籍妓洪渠，慧黠過人。一日歌《眞珠簾》詞，
> 至「病酒情懷猶困懶」，使之演其聲，若病酒而困懶者，疏僚極稱賞
> 之。適有客云：「卿自用卿法。」高因視洪云：「吾亦愛吾渠。」遂
> 與落籍而去，以此得嘖言者。

爲官貪酷，又挾妓以去，故被認爲高似孫對人「不仁」。此其三也。周密《齊
東野語》卷十九又載：

> 程文簡著《演繁露》初成，高文虎炳如嘗假觀，稱其博贍。虎
> 子似孫續古，時年尚少，因竊窺之。越日，程索回元書，續古因出
> 一帙，曰《繁露詰》，其間多文簡所未載，而辯證尤詳。文簡雖盛賞
> 之，而心實不能堪。或議其該洽有餘，而輕薄亦太過也。

此事被認爲高似孫對人「不義」。此其四也。後代學者如洪業、左洪濤等人對
陳振孫、周密等人的記載頗有質疑，爲之辯誣。誠如左洪濤所指出的：「這是
黨爭與學派不同造成的。」〔註5〕政治上站錯了隊，學術上又與主流不搭界，
於是乎「不忠」、「不孝」、「不仁」、「不義」的高帽子像「飛來峰」一樣飛到
他的頭上，高似孫就像孫悟空一樣被壓在五行山下，壓得喘不過氣來。因爲
這致命的「四宗罪」，他就爲清議所不齒，爲時代所拋棄，最終連《宋史》也
沒有給他一席之地。平心而論，高似孫眞是生不逢時。假如生在魏晉，他必
定成爲名士，與嵇康爲鄰，與阮籍爲友，因其生性無拘無束，「逍遙乎山水之
阿，放曠乎人間之世」〔註6〕。假如生在唐代或者清代，他必定成爲名儒，因
爲他博覽四部，孜孜考古，勤於著述，上可窺陸德明、孔穎達之藩籬，下可
開朱彝尊、紀曉嵐之先河。而他偏偏生在朱熹的時代。慶元四年，朝廷宣佈
禁僞學，高文虎草詔，高似孫又作道學之圖。高氏父子聯袂站在「僞學」的
對立面，難免大大小小的理學家要將他妖魔化。

〔註5〕見《兩宋浙東高氏家族研究》第99頁。
〔註6〕語見晉潘岳《秋興賦》。

　　高氏才情勃發，文名藉甚，學問亦優，勤於著述，著作多達二十餘種。
現存世的有：《剡錄》、《史略》、《子略》、《緯略》、《蟹略》、《騷略》、《硯箋》、
《疏僚小集》、《選詩句圖》、《剡溪詩話》〔註7〕。現在浙江古籍出版社已經組
織人員將上述著作整理爲《高似孫集》，列入《浙江文叢》，於 2015 年公開出
版。亡佚的有：《經略》、《集略》、《詩略》、《古世本》、《戰國策考》、《蜀漢書》、
《漢書司馬相如傳注》、《漢官》、《煙雨集》、《秦檜傳》及《樂論》等。從其
著書目錄來看，高氏在目錄學方面下過不少工夫，其《史略》、《子略》與今
已失傳的《經略》、《集略》、《詩略》構成一整套關於我國古籍的專科目錄學
系列著作。此外，《剡錄》屬於方志，《緯略》屬於雜家，《蟹略》、《硯箋》屬
於譜錄。儘管這些著作的質量高低不一，但其綜合實力在當時還是出類拔萃
的。

二、本書內容與主要學術價值

　　《子略》共五卷，《子略目》一卷，正文四卷。高似孫在本書序言中介紹
了寫作目的：

　　　　六經後，以士才藝自聲於戰國、秦、漢間，往往騁辭立言，成
　　一家法。觀其跌宕古今之變，發揮事物之機，智力足以盡其神，思
　　致足以殫其用。其指心運志，固不能盡宗於經，而經緯表裏，亦有
　　不能盡忘乎經者。使之純乎道，昌乎世，豈不可馳騁規畫，鉤鋅事
　　功，而與典謨、風雅並傳乎？所逢如此，所施又如此，終亦六六與
　　群言如一，百氏同流，可不嗟且惜哉！嗚呼！仲尼皇皇，孟子切切，
　　猶不克如皋、夔，如伊、呂、周、召，況他乎？至若荀況、揚雄氏、
　　王通、韓愈氏，是學孔孟者也，又不可與諸子同日語。或知此意，
　　則一言可以明道藝，究訏謨；可以立身養性，致廣大，盡高明，可
　　以著書立言，丹青金石，垂訓乎後世。顧所擇如何耳，審哉！審哉！
　　乃繫以諸子之學，必有因其學而決其傳，存其流而辯其術者，斯可
　　以通名家、究指歸矣。作《子略》。

高氏對於子書的性質、功用皆有所闡發，提出了「經緯表裏」（即「經經子緯、
互爲表裏」）的觀點，同時明確指出了諸子「跌宕古今之變，發揮事物之機」，

〔註 7〕俞弁子跋稱此書非高似孫所著，因其筆意與《緯略》不同。語見《高似孫集》
　　　　第 1061 頁。

「純乎道，昌乎世」，「明道藝，究訏謨」，「致廣大，盡高明」，「通名家，究指歸」等作用。其書宗旨在於「因其學而決其傳，存其流而辯其術」，與後世章學誠所謂「辨章學術，考鏡源流」若合符契。

《子略目》摘錄《漢書·藝文志》、《隋書·經籍志》、《新唐書·藝文志》、庾仲容《子鈔》及鄭樵《通志·藝文略》中的諸子書目，並簡要附錄撰者姓名及卷數。

正文一至四卷，共著錄諸子三十八家，其中《八陣圖》附於《握奇經》，《新序》、《說苑》合二為一，故高氏所撰題識實為三十六篇。卷一包括《黃帝陰符經》、《風后握奇經》（附《八陣圖》）、《鬻子》、《太公金匱六韜》、《孔叢子》、《曾子》、《魯仲連子》、《晏子春秋》；卷二包括《老子》、《莊子》、《列子》、《文子》；卷三包括《戰國策》、《管子》、《尹文子》、《韓非子》、《墨子》、《鄧析子》、《亢桑子》、《鶡冠子》、《孫子》、《吳子》、《范子》、《鬼谷子》；卷四包括《呂氏春秋》、《黃石公素書》、《淮南子》、賈誼《新書》、桓寬《鹽鐵論》、王充《論衡》、《太玄經》、《新序》、《說苑》、《抱朴子》、《文中子》、《元子》、《皮子隱書》。其中，《黃帝陰符經》、《風后握奇經》因篇幅短小抄錄原書，其餘各家，皆不著錄。如有為諸子作注的，則先於各家名目下羅列注家姓名，並附錄書名及卷數。

《子略目》一卷大體摘錄前志，價值不大。不過高氏於每篇志前分別撰有按語，其中所蘊含的高氏本人對待官方史志目錄與私家目錄的不同態度，直接體現了他的目錄學思想。《子略》正文四卷，共三十六篇題識，雖然彙集了別家言論，但大多為高氏本人撰寫的評論和心得體會，包含了高氏對諸子各家獨到的理解和看法。其中有不少考訂和辨偽的內容，馬端臨編撰《文獻通考》時多所採用。《四庫全書總目》論及高氏《子略》時稱「頗有所考證發明」，又稱其「薈萃諸家，且所見之本猶近古，終非焦竑《經籍志》之流輾轉販鬻、徒構虛詞者比」，可謂允論。高氏於諸子中選取三十八家，逐一解題，採納眾言，分析入理，考證大體精詳。就《子略》全書的組織形式而言，高氏對於書目體式的探索和嘗試，體現他在書目體例建構方面勇於創新的一面。若將高氏選取的三十八家諸子串聯起來，我們也能比較清晰地看到，高氏尊孔崇儒，憂國憂民，頗有傳統士大夫的情懷。總之，《子略》一書在目錄學、考據學等方面所具有的學術價值是不言而喻的。

三、前人對本書的評論

　　清代初期汪琬《堯峰文鈔》卷三十九《跋高似孫〈子略〉》批評其辨僞之失誤：

　　　　高氏疑《孔叢子》僞書，歷引《孟子》及《家語後敘》證孔子、子思無問答事，最悉。然予以爲非是。《漢書・孔光傳》首載孔氏譜牒，孔子生伯魚鯉，鯉生子思伋，伋生子尚高，則伯魚爲子思父，審矣。《孔子家語》：「孔子年二十娶亓官氏，明年生伯魚。伯魚年五十，先孔子卒。」孔子後三年始卒。使子思猶未生，則孔氏譜不足據邪？《史記・魯世家》：「穆公之立也，距孔子已七十年。」子思壽止六十二，使穆公時猶在，則與孔子相隔絕久矣。其去伯魚當益遠，不得爲其子。然遍考諸書，又不言孔子有他支庶，何也？予以爲宜從《孔叢子》。蓋《孔叢子》與譜牒皆出孔氏子孫之手，其說必有證左，非他書臆度者比也。嗚呼！盡信書則不如無書。後世迂儒小生讀書不知通變，往往捨其大者，旁引瑣細，以相辨難，豈非好古，而失之愚者哉！

　　《四庫全書總目》卷八十五《子略》提要持論較爲公允：

　　　　《子略》四卷、《目錄》一卷，宋高似孫撰。似孫有《剡錄》，已著錄。是書卷首冠以目錄，始《漢志》所載，次《隋志》所載，次《唐志》所載，次庾仲容《子鈔》、馬總《意林》所載，次鄭樵《通志・藝文略》所載，皆削其門類而存其書名，略注撰人卷數於下。其一書而有諸家注者，則惟列本書，而注家細字附錄焉。其有題識者，凡《陰符經》、《握奇經》、《八陣圖》、《鶡子》、《六韜》、《孔叢子》、《曾子》、《魯仲連子》、《晏子》、《老子》、《莊子》、《列子》、《文子》、《戰國策》、《管子》、《尹文子》、《韓非子》、《墨子》、《鄧析子》、《亢桑子》、《鶡冠子》、《孫子》、《吳子》、《范子》、《鬼谷子》、《呂氏春秋》、《素書》、《淮南子》、賈誼《新書》、《鹽鐵論》、《論衡》、《太玄》、《元經》、《新序》、《說苑》、《抱朴子》、《文中子》、《元子》、《皮子隱書》，凡三十八家。其中《說苑》、《新序》合一篇，而《八陣圖》附於《握奇經》，實共三十六篇。惟《陰符經》、《握奇經》錄其原書於前，餘皆不錄，似乎後人刪節之本，未必完書也。馬端臨《通考》多引之，亦頗有所考證發明。然似孫能知《亢桑子》之僞，而於《陰

符經》、《握奇經》、《三略》、諸葛亮《將苑》、《十六策》之類乃皆以為真，則鑒別亦未為甚確。其盛稱《鬼谷子》，尤為好奇。以其會粹諸家，且所見之本猶近古，終非焦竑《經籍志》之流輾轉販鬻、徒構虛詞者比。故錄而存之，備考證焉。

清張海鵬（1755～1816）《學津討原本跋》：

　　續古氏取鬻熊以下三十八家，著之論說，其卑法術、拒刑名、黜玄虛、掃掉闛，可謂卓然絕識矣。唯能決洞靈之妄而樂治丹經，能戒黷武之殘而侈譚陳法，未免目淆五色，見涉兩歧。至謂殷楹既奠，子思未生，竟忘泰山未頹，伯魚早卒，偶疏點檢，未足訾謷。要其俯首孟氏，折衷孔經，揚子有云「好書而不要諸仲尼，書肆也；好說而不要諸仲尼，說鈴也」，續古其免於此議歟？宋槧久廢，茲從《百川學海》中錄出，為校正脫偽四百餘處，復取隋、唐諸志及馬、鄭兩家之書，覈其篇目，悉為釐正，稍還高氏之面目云。

今按：此跋完全同於清孫原湘（1760～1829）《天眞閣集》卷五十四《高似孫〈子略〉跋》。

清代中期鈕樹玉《匪石先生文集》卷下《讀高氏〈子略〉》批評其「是非之間恱無定見」：

　　按《漢·藝文志》所載子書，流傳於今十不存五，又多依託者。由今溯古，豈能無惑哉？夫黃帝《陰符》、太公《金匱》及《鬻子》之類，見稱雖遠，而太史公巳云百家言黃帝，其文不雅馴，薦紳先生難言之矣。余觀《子略》所採，皆據前志，足資考覽。然論管、晏則黜管而進晏，恐非持平之論。至於《孫子兵法》，甚貶其權詐，而於《風后握奇》、黃帝《陰符》又全登之。是非之間恱無定見，欲取服於後世，難矣！〔註8〕

民國初期孫德謙《諸子通考》卷二對《子略》給予很高的評價：

　　諸子立言，無不自成一家。故治其學者，莫要於辨別家數。何者為儒，何者為道，知其家數，而立言之意亦可由此而窺矣。宋之學者，以尊儒之故，屏諸子為離經畔道。高氏今謂不能盡宗於經，亦不能盡忘於經，猶曉然於諸子之術，不盡有悖於經教，其見超矣。吾嘗謂劉向之辨章諸子，用經為衡，而班固故曰「六經之支與流裔」。

〔註8〕《清代詩文集彙編》第463冊第489頁。

今觀高氏之說，諸子之無違經義，殆亦先得吾心之同然乎？夫諸子名爲專家，其書則各有指歸。高氏云「可以通名家，究指歸」，其說是也，惟高氏能言之。而其論列諸子，則未必能得其指歸。《列子》貴虛，彼未識其指歸，疑爲「鴻蒙列缺」之類。《鄧析》則以爲流於申、韓，且不辨名自爲名，與法家不可混，何能探其指歸乎？然遊文六經，留意仁義，爲儒家之指歸；清虛自守，卑弱自恃，爲道家之指歸；班氏於《諸子》一略，固皆標揭之。有好家學者，從高氏之言，以究其指歸，則誠確鑿而無可易者也。若謂荀況、揚雄不可與諸子同語，吾不知高氏何憤憤若此。是二家者，均諸子之儒家流也，漢、隋、兩唐，其史志皆然，乃謂不可與諸子同語，大可異矣。將二氏非諸子乎？雖然，諸子亦宗於經，而以究其指歸爲務，高氏之於子學猶有得焉者也。

上述各家褒貶各異，見仁見智，皆屬正常範圍內的學術批評。

四、本書的研究現狀

現代學者有關《子略》的研究總量較少，相對集中在下列幾個問題上：

第一，作者生平問題。時人強加在高氏頭上的幾頂帽子頗有妖魔化的傾向，這種同行之間的惡搞行爲本身就是一種極其惡劣的作風，此風不可長。還原一個眞實的高似孫，這是歷史學家的責任。現代著名史學家洪業先生《高似孫〈史略〉箋正序》（載《洪業論學集》，中華書局 1981 年版）針對前人的種種不實之詞爲高氏作了辯誣。黃慧鳴《高似孫的生平及其著作》（《古籍研究》2000 年第 1 期）簡要介紹了高似孫的生平事蹟，並爲其現存著作做了簡明解題，稍微涉及了《子略》，但還過於簡略。左洪濤《兩宋浙東高氏家族研究》第三章爲個案研究，對高似孫的生平與相關問題進行了比較細緻深入的探討，首次解決了高氏父子的生卒年問題，洵爲難得之發現。

第二，體例問題。姚名達《中國目錄學史》認爲，《子略》「體例與《史略》同」，而劉子明《高似孫在我國目錄學史上的貢獻》（《圖書館理論與實踐》1989 年第 4 期）認爲這兩書的體例是有所不同的：「首先，《子略》目錄一卷純爲書目，其他四卷則是集諸家評論，並進行考證，也在老子、莊子等列了注疏本，而《史略》則沒有把其中的書目獨立開來，而是將書目、說明混雜在一起，這也就是姚名達先生所說的『其體例龐雜，有似書目者，有似提要

者,有盡抄名文者,有移錄舊事者,然其大體既近目錄』。其次,《子略》目錄一卷依次著錄了《漢志》、《隋志》、《唐志》、《子鈔》、《意林》、《通志‧藝文略》所收的諸子著作,而《史略》則把有關的書集中在一起,如《漢書》後面,還列舉了漢書注、漢書考、諸音義書、諸家本等。」

第三,學術價值問題。劉固盛教授曾經發表《高似孫〈子略〉初探》(《古籍整理研究學刊》1996 年第 4 期)重點從學術源流、考證辨偽等方面分析其特色,並援引日本學者石田肇的看法:「就高似孫之學術言,則需要從南宋學術界諸種動向及明州地域性特點來加以分析。考慮到朱子道學後來成為官方認可的官學,反道學派著作因之淹沒不彰,對其評價也因之不高等情況,還有必要從南宋政治史、思想史相對的角度,對他進行重新評價。」進而提出了從學術思想史方面研究《子略》的新視角。童子希《高似孫辨偽方法探析》(《黃岡師範學院學報》2012 年第 1 期)從目錄、年代、思想、內容、引文、序跋、撰者等七個方面總結了高氏的辨偽方法,比顧頡剛的三點總結(即年代、比較、綴輯)還要細緻一些。左洪濤《兩宋浙東高氏家族研究》第四章對似孫重要的學術專著進行了分析,重點介紹了《子略》一書的寫作目的、版本和主要篇目、主要內容,在前人研究的基礎上有所推進。

總的來看,對於《子略》一書一直存在兩種截然不同的判斷。一種觀點認為其書價值不大。宋代陳振孫首倡此說,現代學者余嘉錫、姚名達等人的說法也大致與陳氏相近。余嘉錫先生認為:「高氏著書,成於率爾,大抵抄撮之功多,而心得之處少也。」姚名達認為:「所惜似孫學識低暗,徒錄成文,無所發明。」另外一種觀點與此相反。如劉固盛教授認為此書在彙集諸子、考鏡源流、明斷真偽、闡釋旨意、辨別得失諸方面都能給人有益的啟示。《四庫全書總目》稱其「頗有所考證發明……會粹諸家,且所見之本猶近古,終非焦竑《經籍志》之流輾轉販鬻、徒構虛詞者比」。楊守敬云:「似孫以博奧名,其《子略》、《緯略》兩書,頗為精賅。」馬端臨在《文獻通考‧經籍考》中引用《子略》多達 24 處,而《子略》辨偽方面的成就也多為姚際恒《古今偽書考》等書所吸收。由此可見,《子略》作為一部專門的諸子目錄,其價值不容忽視。宋人對高似孫的評價可能受到當時主流學術評價的影響,而現代考證學者的評價似乎又缺少歷史的觀點,完全是拿後代學術標準來衡量前人的成就,皆不免失之偏頗。至於姚名達所謂「無所發明」的說法,不知何所據而云然,評論古人竟然不顧事實,如此信口開河,令人匪夷所思。我們應

該看到，在高氏所處的時代，考據方法尚未大明，考據學還處在探索階段。能夠將諸子單獨劃分出來，已經是截斷眾流，頗具特識，僅此一點就不容小覷，何況他在考證辨偽等方面還有所發明呢？

五、版本源流以及底本與校本的確定情況

現存最早的《子略》版本，收錄在刻於南宋咸淳年間《百川學海》叢書裏。其後明弘治十四年華珵、嘉靖十五年鄭氏宗文堂、民國十六年陶湘涉園翻刻的《百川學海》，還有《四庫全書》、《學津討原》、《四明叢書》、《叢書集成初編》以及《四部備要》都收錄了《子略》一書。此外，日本國立公文圖書館藏南宋刻本（內閣文庫五二○八號，僅存目及前三卷）。董康《書舶庸譚》卷八載：「《子略》三卷。與前（按指《史略》）同一行款，蓋同時梓行。前有序目，序未署名。」《史略》序作於寶慶元年，此本為宋本無疑。經過比較版本異同之後，《子略》大體可分為三個版本系統：（一）《百川學海》本自為一系；（二）學津本、四明本、叢編本、四部本為一系，凡與底本文字有別的地方，這四個版本對應之處基本相同；（三）四庫本亦自成一系，該本與底本文字出入較大，且逕自改動處較多，誠如顧頡剛所謂「為求其文從字順，時時憑肊竄改」。

本書以中華再造善本《百川學海》叢書中所收錄的《子略》為底本，再用景刊《百川學海》本、《四庫全書》本、《學津討原》本、《四明叢書》本、《叢書集成初編》本、《四部備要》本及日本內閣文庫本對校。此外，我們在校勘時還充分利用了《文獻通考》所引用的《子略》。

六、此次整理的個人創獲

第一，高氏在《子略目》中，對前代子書書目皆有所刪減，這種隨心所欲的做法未免太任性，無疑大大降低了其書的學術價值。我們在整理的過程中發現，為了提升《子略》的學術價值，必須對這一部分加大注釋的力度，特別是對《漢書·藝文志·諸子略》進行集釋，梳理好子書的源頭，做好正本清源的工作。我們由此認識到《漢志》的魅力，並因此步入《漢志》的殿堂，進而撰寫《漢書藝文志諸子略集釋》。同時，我們也由此更加明確了今後的治學思路，即「抓兩頭（指《漢志》與《四庫提要》），促中間」，對中國目錄學、分類學等相關學科的發展歷程展開一場攻堅戰。

第二，《子略》在諸子辨偽方面取得了一定的成就。《子略》對《鬻子》、《孔叢子》、《曾子》、《列子》、《文子》、《戰國策》、《尹文子》、《亢桑子》、《鬼谷子》等子書的眞偽進行了考辨。高似孫對柳宗元極爲推崇，其對子書的辨偽顯然受到柳宗元的影響，同時《子略》的辨偽成就也爲宋濂、胡應麟、姚際恒等後來學者所吸收。因此，在諸子辨偽方面，高似孫是承上啓下的重要人物。顧頡剛說：「宋代繼承柳宗元辨子書眞偽的是高似孫，他所作的《子略》四卷是他說子書時的筆記，從《陰符經》到《皮子隱書》，共搜羅了三十八種子書，有的是抄撮，有的是列舉歷代注釋本書的書目，有的是批判書中議論的是非和本書著作的眞偽。……由於這本書是隨筆性的，所以體例不謹嚴，文辭又拖沓，心得也稀少，在學術上的地位不高。不過，他總是上承柳宗元，下開宋濂、胡應麟的一個人，不能抹殺他的篳路藍縷的功勞。」有鑑於此，我們加大了有關辨偽資料的集釋工作，有利於更加清楚地判斷《子略》一書在辨偽史上的功過得失。

〔補記〕

此爲《子略校釋》一書的解題，原載《漢籍與漢學》雜誌，且收入《國故新衡》一書中，原來不準備收進此書的，考慮到《國故新衡》出現了若干訛誤，現在詳加校讎，勘正謬誤，將功補過，謹此致歉。

《日知錄解讀》後記

顧炎武在《日知錄》初刻自序中說：

> 蓋天下之理無窮，而君子之志於道也，不成章不達，故昔日之得不足以爲矜，後日之成不容以自限。若其所欲明學術，正人心，撥亂世，以興太平之事，則有不盡於是刻者，須絕筆之後，藏之名山，以待撫世宰物者之求。

許蘇民先生對此有一段相當精彩的點評：

> 顧炎武學問堂廡寬廣、博大精深，但他絕沒有天下第一的驕矜，更沒有絲毫文人相輕的陋習。他總是看到自己學問的不足，對同時代其他學者的長處予以高度推崇。當時有一位叫汪苕文的人，說當今天下有兩位大師，第一位就是顧炎武，另一位是李天生。爲此，顧炎武專門寫了一篇《廣師》，說汪苕文的話是過情之譽，自己在學究天人方面不如王寅旭，在精通三禮方面不如張稷若，在蕭然物外、自得天機方面不如傅山；在精心六書方面不如張力臣，如此等等。科學精神首先是謙虛的精神。並不見得學了一點科學知識或從事科學研究的人，就一定具有科學精神了。具有科學精神的人深知個人的能力和知識有限，所以很謙虛；深知眞知難求，自己可能是錯的，別人可能是對的，所以有寬容精神；深知眞理只有在自由討論中才能確立，所以有自由的精神。而容忍和自由都是建立在謙虛基礎上的。

許蘇民先生是一位眞正的謙謙君子，早年師從珞珈哲學學派的開創者蕭箑父先生，是郭齊勇教授的師弟、吳根友教授的師兄，與郭、吳等人並爲蕭門翹楚。我因根友兄之介，十餘年前得以結識蘇民先生。我差不多通讀過他已經

出版的所有著作，對其道德文章特別推服，曾經撰文倡導弘揚「許蘇民精神」。近年有無良之人在網上大肆造謠污衊，對他發起瘋狂攻擊，蘇民先生顧及百年名校的面子，對此狂徒未予理睬。換上他人，可能早已對簿公堂。蘇民先生在明清哲學史、文化史方面卓有建樹，他的顧炎武研究也是不可忽視的存在，他人根本無法繞開。我在編寫此書過程中，發現許多地方竟然與蘇民先生息息相通，於是特地登門拜謁，希望得到他的一臂之力。蘇民先生古道熱腸，欣然同意合作。解讀部分大量採用他的評論文字，使本書大為增色。稿成之後，又特地寄呈，請他郢削。他日若摹擬顧炎武寫《廣師》，肯定少不了一句「讀書為己，探賾洞微，吾不如許蘇民」。

　　我在三十年前即與《日知錄》結緣。弱冠負笈珞珈，研習章黃之學。章太炎、黃季剛為近三百年學術之殿軍，而顧炎武為開山祖師。章黃皆推戴亭林，太炎亦步亦趨，黃侃也刻意繼承，特撰《日知錄校記》。我問學之初即選擇中國近三百年學術史為主攻方向，自署「顧黃傳人」，本科階段以章黃學派為主，特別是以黃侃的生平與學術為主，編纂《黃侃年譜》，後來又撰寫《黃侃評傳》，至今還在編輯《黃侃文集》與《黃侃全集》。博士階段以乾嘉學術為主，自《四庫提要》入手，梳理乾嘉時期的皇家學派，旨在打開一條新路。近十年來，又推進到明清之際，以顧炎武為研究中心，特別是以《日知錄》為重點，先後在武漢大學、上海社科院舉辦《日知錄》研讀班，帶領研究生一道研習《日知錄》，指導學生撰寫相關研究論文。今後擬在完成本書之後，繼續完成《子海》本《日知錄》的整理工作，進而擴大研究範圍，展開更高層次的考索。從顧（炎武）、黃（宗羲）到章（太炎）、黃（侃），這業已成為我研究生涯的一條主線。守先待後，不忘使命，為先儒繼絕學，為後學開新徑。

　　　　　　　　　　　　　2018 年 3 月 29 日記於海上文淙閣

《學鑒》第五輯出版後記

　　辛卯之冬，奉命編次《學鑒》第五輯，得珞珈諸子之助，越半年而成焉。本輯篇幅稍減於前，然勝義紛呈——師領辨章「心」理，根友考鏡「通」道；豳風辨析「人」「民」，二行「管」中窺豹；華章以史證禮，四新因詩明道。諸兄與時俱進，皆如高僧得正法眼藏，癥結開示，截斷眾流，漸臻勝境矣。惟不佞不才，馬齒徒長，學無寸進。雖績學有年，辨偽求真，終不出「識小」之科，未免虛拋心力，枉費精神矣。古人云：「學者先以識為主，禪家所謂正法眼，直須具此眼目，方可入道。」雖見山非山，見水非水，往來蹇蹇，迷途知返，本欲「反清復明」（由樸學返理學——自注），至今變法未成，結習尚未盡除。年逾不惑，何時可無大過？處困而亨，敢不夕惕若屬！因仿彥和「後贊」之體，戲成三贊，聊以紀事抒懷云爾。

一

世人逐物，吾儕憑性。
傲岸泉石，咀嚼七經。
會講林下，培育菁英。
殊途同歸，不謬蹊徑。

二

洪鐘萬鈞，夔曠所定。
寶書盈篋，學鑒乃訂。
庸妄鉅子，混淆視聽。
既守故轍，且闢新徑。

三

辛苦遭逢，博綜群經。

朝宗于海，濁眼復明。

道通爲一，神往化境。

嗣守洪業，共續慧命。

2012 年 4 月 30 日於武漢觀衢軒

《經義考通說疏證》自序

　　《經義考》一書，煌煌三百卷，係清初大儒朱彝尊晚年所編纂之經學文獻工具書。

　　朱彝尊（1629～1709），字錫鬯，號竹垞，秀水（今浙江嘉興）人。康熙己未（1679）薦舉博學鴻詞，召試授檢討，入直內廷。彝尊文章爾雅，初在布衣之內，已與王士禛聲價相齊。博識多聞，學有根柢，復與顧炎武、閻若璩、毛奇齡、曹貞吉、陳維崧、潘耒頡頏上下，可謂兼有眾長。凡所撰述，具有本原。楊謙編《朱竹垞先生年譜》，朱則傑撰《朱彝尊研究》（浙江古籍出版社 1995 年版），王利民撰《博大之宗——朱彝尊傳》（浙江人民出版社 2006年版），均可參考。

　　《四庫全書總目》卷八十五關於《經義考》一書的提要寫得比較簡明扼要：

　　　　是編統考歷朝經義之目，初名《經義存亡考》，惟列存、亡二例。
　　後分例曰存、曰闕、曰佚、曰未見，因改今名。凡《御注敕撰》一
　　卷，《易》七十卷，《書》二十六卷，《詩》二十二卷，《周禮》十卷，
　　《儀禮》八卷，《禮記》二十五卷，《通禮》四卷，《樂》一卷，《春
　　秋》四十三卷，《論語》十一卷，《孝經》九卷，《孟子》六卷，《爾
　　雅》二卷，《群經》十三卷，《四書》八卷，《逸經》三卷，《毖緯》
　　五卷，《擬經》十三卷，《承師》五卷，《宣講》、《立學》共一卷，《刊
　　石》五卷，《書壁》、《鏤版》、《著錄》各一卷，《通說》四卷，《家學》、
　　《自述》各一卷。其《宣講》、《立學》、《家學》、《自述》三卷，皆
　　有錄無書，蓋撰輯未竟也。每一書前列撰人姓氏、書名、卷數，其
　　卷數有異同者，則注某書作幾卷。次列存、佚、闕、未見字。次列

原書序跋、諸儒論說及其人之爵里。彝尊有所考正者，即附列案語於末。

> 惟序跋諸篇與本書無所發明者，連篇備錄，未免少冗。又《隋志》著錄，凡於全經之內專說一篇者，如易類之《繫辭注》、《乾坤義》，書類之《洪範五行傳》、《古文舜典》，禮類之《夏小正》、《月令章句》、《中庸傳》等，皆與說全經者通敘先後，俾條貫易明。彝尊是書乃以專說一篇者附錄全經之末，遂令時代參錯，於例亦為未善。然上下二千年間，元元本本，使傳經原委一一可稽，亦可以云詳贍矣。至所注佚、闕、未見，今以四庫所錄校之，往往其書具存，彝尊所言不盡可據。然冊府儲藏之秘，非人間所得盡窺。又恭逢我皇上稽古右文，搜羅遺逸，琅嬛異笈，宛委珍函，莫不乘時畢集，圖書之富，曠古所無，儒生株守殘編，目營掌錄，窮一生之力，不能測學海之津涯，其勢則然，固不足為彝尊病也。

前段介紹了《經義考》一書的基本情況，後段評述其功過得失。優點是「詳贍」，缺點是編例未善。《經義考》因為資料豐富，成為經學研究的必備之書，這是不容置疑的。關於其缺失，「未免少冗」，「時代參錯」，「不盡可據」，這些也談得很實在，但還不夠全面，也不夠透徹。乾嘉時期的一位大儒翁方綱在《蘇齋筆記》中指出：「《經義考》於每書之序多刪去其歲月，觀者何而考其師承之緒及其先後之跡乎？又所載每書考辯論說皆渾稱為某人曰，不注其出於某書、某注、某集，則其言之指歸無由見，而於學人參稽互證之處亦無所裨助。」刪去歲月，不注出處，此二點正是《經義考》的最大缺點。翁方綱洞若觀火，擊中其軟肋。所論皆中肯綮，不可謂之苛論。這些致命的弱點無疑大大降低了它的學術價值，也影響了它作為工具書的使用效率。一般論者以為《經義考》「集經學目錄之大成」，不免推之過高。

我在做這四卷的過程中，發現一個怪現象，即號稱「博大之宗」的朱彝尊居然對理學文獻相當陌生，他對程朱理學的基本文獻與基本觀點不太熟悉，結果往往將後來者抄襲程朱的觀點作為創新點予以著錄。這也從一個側面反映出十七世紀後期、十八世紀前期知識界對理學文獻的掌握狀況。試舉一例。《經義考》引尹焞曰：「讀書者，當觀聖人所以作經之意，與聖人所以用心，與聖人所以至聖人，而吾之所以未至者。句句而求之，晝誦而味之，中夜而思之，平其心，易其氣，闕其疑，則聖人之意見矣。」此段話出自宋

尹焞《和靖集》卷四「壁帖・聖學」條，原文為：「子言：『讀書者，當觀聖人所以作經之意，與聖人所以用心，與聖人所以至聖人，而吾之所以未至者，所以未得者，句句而求之，晝誦而味之，中夜而思之，平其心，易其氣，闕其疑，則聖人之意見矣。』」朱熹跋云：「《和靖尹公先生遺墨》一卷，皆先生晚歲片紙手書聖賢所示治氣養心之要，黏之屋壁以自警戒者，其家緝而藏之。今陽夏趙侯刻置臨川郡齋，摹本見寄。熹竊惟念前賢進修不倦，死而後已，其心炯炯，猶若可識，而趙侯所以摹刻之意，又非取其字畫之工，以供好事者之傳玩而已。捧讀終篇，恍然自失。因敬識其後，以自詔云。淳熙丙申三月丁巳，新安朱熹敬書。」張栻跋云：「和靖先生所居之齋，多以片紙書格言至論置於窗壁間，今往往藏於其家，如此所刻是也。反覆玩繹，遐想其感發之趣，深存體之功至，而浹洽之味為無窮也。嗟乎！學者於此亦可以得師矣。淳熙丙申三月壬戌，廣漢張栻謹書。」據此二跋，可知尹公先生遺墨乃手書聖賢語錄，並非言必己出。《和靖集》明言「子言」，表示不出於己。其實這段話出自伊川程子，語見《近思錄》卷三、《二程遺書》卷二五、《二程粹言》卷上。《朱子語類》卷一九載：「問：『伊川說讀書，當觀聖人所以作經之意與聖人所以用心一條。』曰：『此條程先生說讀書，最為親切。今人不會讀書，是如何？只緣不曾求聖人之意。才拈得些小，便把自意硬入放裏面，胡說亂說，故教他就聖人意上求，看如何問易其氣是如何。曰只是放教寬慢，今人多要硬把捉教住，如有個難理會處，便要刻畫百端，討出來，枉費心力，少刻只說得自底，那裡見聖人意。』又曰：『固是要思索，思索那曾恁地，又舉闕其疑一句，歎美之。』」明呂柟《二程子抄釋》卷六云：「讀書者，當觀聖人所以作經之意，與聖人所以用心，與聖人所以至聖人，而吾之所以未至者，所以未得者，句句而求之，誦而味之，中夜而思之，平其心，易其氣，闕其疑，則聖人之意見矣。」釋云：「如此求索，則聖人在目前矣。」明丘濬《大學衍義補》卷七七云：「此程子讀書法也。學者讀書，誠以此兩賢之言為法，則凡聖賢之所以著書立言與其所以立心制行而至於為聖為賢者，皆可於言意之表得之矣。得其言於心，本之以制行，本之以處事，本之以為學，本之以為政，不徒出口入耳，而皆有諸己以為實行，措諸事以為實用，聖賢地位不難到矣。」由於朱彝尊對於這些常見的理學文獻不熟悉，又誤讀原文，未能探本溯源，致使張冠李戴。諸如此類，書內尚有多處。

　　朱彝尊為什麼對於常見的理學文獻不熟悉呢？因為他畢竟不是理學家，而是以文學家著稱於世。詩詞古文，諸體皆工，惟獨理學不是他的專長。況

且他的學問也不爲當時的理學權威陸隴其所認可。1678 年夏天，朱彝尊與同郡陸隴其在北京有過多次「朱陸會」。當時朱彝尊因薦舉進京，陸隴其讀其文典雅不浮，喜其文風。二人見面後，朱彝尊言：「宋、元諸儒經解無人表章，當日就湮沒。」又言：「有日月，必有眾星；有河海，必有細流。今儒者見與程朱異者，便以爲得罪先儒。」陸隴其對其學問做了一個比較準確的判斷：「竹垞之學，記誦、詞章之學也。」（《陸隴其年譜》第 250 頁）朱彝尊此時可能已經萌發了編纂《經義考》的念頭，但這些談話並沒有打動陸隴其，更沒有博得他的好感。陸身後被追認爲「本朝理學儒臣第一」，在康熙、雍正、乾隆時期享有崇高地位，他所倡導者仍不外乎孔孟程朱之道，而對記誦、詞章之學大不以爲然。《陸隴其年譜》第 103～104 頁載有《記誦詞章功利說》一文，他將學術分爲記誦之學、詞章之學、功利之學，皆大加貶斥。因此，作爲文學家的朱彝尊當時不可能得到理學家陸隴其的印可，「朱陸會」並沒有確立朱彝尊的理學地位。陸隴其卒於 1692 年，而朱彝尊在 1695 年才開始編纂《經義考》，至 1699 年才殺青，1755 年《經義考》才出版。《經義考》的編纂與出版是在陸隴其逝世之後的事情，陸隴其也就沒有機會看到此書，即使看到，也不會大加讚賞，相反地，可能會更加吹毛求疵。

張宗友博士認爲：「對《經義考》所錄資料，考溯其源，校覈其文，補其未備，從而爲學界提供完善的可資利用的文本，即爲頗具有現實意義和切實可行的課題。」（《經義考研究》第 344 頁，中華書局 2009 年版）楊果霖先生亦有「還原其原始的出處」的看法，可謂英雄所見略同。筆者早在世紀之交就注意及此，在研究《四庫全書總目》的同時，也開始積累相關資料，準備做《經義考》的溯源校勘工作。具體情況請看本書後記部分。

朱彝尊《經義考》仿馬端臨《文獻通考·經籍志》輯錄體之例，以一己之力，窮數年之功，編纂出一部卷帙浩大的經學專科目錄，且成爲輯錄體目錄的典範之作。後來的《小學考》、《史籍考》、《醫籍考》、《詞籍考》等書紛紛效顰，足見其影響之深遠。我們無意否定朱彝尊的歷史功績，也無意貶低《經義考》的史料價值，只是想讓這部名著更加熠熠生輝，更加完美無缺。我們無意成爲朱彝尊之諍友、《經義考》之功臣，只是想做一點有利於學術的善事而已。

2009 年平安夜草擬，聖誕節敲定於卓莊

《經義考通說疏證》後記

　　具有重大價值的研究課題往往只有在研究過程中才會被發現。自從開始研究《四庫全書總目》，我就發現了不少相關課題，關於《經義考》的溯源即為其中一例。《經義考》與《總目》存在深刻的淵源關係，我在研究《總目》之初就與它打上了交道。因此，選擇《經義考》，對於我來說，並非偶然，而是必然。在追溯《總目》編纂來源時，凡屬涉及《經義考》的條目，我就不厭其煩的查閱原書。經過比勘，我發現了《經義考》存在大量的錯誤，還特地寫過考證文章予以駁正。我在研究的餘暇，將《經義考》的幾個常見版本，如《四庫全書》本、《四部備要》本等，經常進行比較。後來我又借到林慶彰主編的《點校補正經義考》，最近又翻閱了楊果霖、張宗友等人的研究論著。有關《經義考》的研究雖然也取得了不少成果，但最關鍵的探源工作迄今依然無人著手。我發願在此方面有所突破，且以最笨的辦法去獲取最佳的效果。我們正組織同志，協同作戰，計劃整理出一個完備的「疏證本」。

　　我採取了張果老倒騎驢的辦法，首先整理最後的四卷，即《通說》部分。《通說》四卷撮錄自孔子迄清初諸儒有關經學的觀點，資料極其豐富，但未一一注明出處，不便於研究者使用，加以錯訛衍奪，所在多有。我開始一條一條地查找原始出處，補充史料，校勘文字。考慮到《經義考》是一部將近三百卷的大書，我從一開始就做好了打持久戰的準備。今年暑假，我成天伏案，每日工作十四個小時，對它展開了一場猛烈的夏季攻勢，計劃先拿下《通說》部分。其間的艱苦難以言喻。見於文淵閣《四庫全書》本電子版、《漢籍全文檢索系統》等數據庫的條目還好說，對散見於《四庫全書存目叢書》、《續修四庫全書》、《四庫禁燬書刊》者，只好採取「大海撈針」的辦法，一本一

本地找，一行一行地找，從頭翻到尾，又從尾翻到頭。有時好幾天才找到一條，有時找了好久，還是一無所獲。每找到一條，就像發現了一顆尚未命名的新星，那種興奮勁，只有下過類似笨工夫的人才會明白。在那些聰明人看來，他們或許會大加揶揄——「如此枯燥乏味地考證，就爲了查找一句話的原始出處，到底有何意義？」「花費如此巨大的勞動，只是爲了給古人疏通證明，值嗎？」對於這種冷嘲熱諷，我無言以對。這種史源學的方法並不是我的發明，而是前人留給我們的一條治學路徑。如果不探明《經義考》的來源，我們就無法準確地利用它。這恐怕正是現代學者在編寫經學教科書時沒有利用它的一個重要原因。當然，也不排除整個學術界對它缺少起碼的認識，不知道其中會有如此豐厚的史料。

古之學者爲己，往往登高去梯；今之學者爲人，爲後來者鋪路。辛苦我一個，方便後來人。爲人之學，有啥不值？《經義考》最初偷工減料，不符合學術規範，經過我們的史料溯源，無疑將大大提升其學術價值，並爲經學話語的重構準備豐富的資料，其意義是每一個經學研究者都不難理解的。三百卷僅得其四，尚未愜意。我將上下求索，早日完成剩餘部分。

己丑冬至深夜記於卓莊

《學術規範概論》講稿說偈

司馬開講，獅子山下。三秋桂子，十里荷花。

踏雪尋梅，攝魂櫻花。珞珈山水，四季如畫。

文華菁英，齊聚林下。說規論範，言笑啞啞。

忽有一生，課間打岔：「老師老悖，言之有差。

今之學子，越學越傻。數典忘祖，滿嘴洋話。

崇洋迷外，流連網吧。多快好省，快餐文化。

書山無路，學海有涯。網上論文，明碼標價。

童叟無欺，款到即發。學術規範，騙人鬼話。

浪費時間，不如回家。」廢然而反，汗不敢下。

文本無價，學術量化。扼死 CI〔註1〕，窒息文化。

舉國野狐，氣死史家。毋作獅吼，願效田巴。

躲進小樓，挑菜蒔花。葆光莊生，逃禪司馬。

2007 年 11 月 17 日上午 11 點 26 分

〔註 1〕CI 爲「Chinese Ieda」之縮寫，「扼死」即英文字母 S 之音譯。扼死 CI 意爲扼死中國人之觀念。

《輶軒語詳注》後記

在晚清鉅子張之洞的大量著作中，《輶軒語》、《書目答問》、《勸學篇》尤為引人注目。此論學三書自成一系，有如連環──《輶軒語》為讀書門徑，《書目答問》為購書門徑，而《勸學篇》則為晚清官方學術門徑，它「對於中學、西學的鬥爭做了一個官方的結論」〔註 1〕。大體而言，三書亦各有分工：《勸學篇》回答為什麼（Why）讀，《書目答問》回答讀什麼（What），《輶軒語》回答怎麼（How）讀。三者合成而為 WWW，恰好形成了一個解讀中國傳統文化的萬維網絡結構。

《書目答問》、《勸學篇》一直是學界關注的熱門讀物，研究成果甚夥。而《輶軒語》長期被打入冷宮，可謂門前冷落鞍馬稀。惟見著名學術史家張舜徽先生發表過精彩點評：「近世達官巨人之言論，影響於學士書生最大者，厥惟曾國藩、張之洞兩家。……至於辨章學術，曉學者以從入之途，則張之洞所為《輶軒語》、《書目答問》影響最大。張氏為清季疆吏中最有學問之人，其識博通而不拘隘。《輶軒語》中《語學》一篇，持論正大，幾乎條條可循。益之以《書目答問》，則按圖索驥，求書自易矣。昔之巨人長德，莫不重視家教，及其子弟尚未成人之時，提撕誨迪，如恐不及。俾自少時習於謹厚，而不染紈綺之習，故能謹言慎行，不致取敗。其訓猶門弟子也，則又導之讀書明理，示以坦途。何書宜先，何書宜緩，何本為佳，何本可校，莫不一一舉列，以詔初學。俾及早正其蹊徑，不使誤入歧途。張氏二書，即督學四川時教士之作也。此種書，周詳懇摯，感人至深。故百年內講求為人、治學者，

〔註 1〕馮友蘭：《中國哲學史新編》下冊，北京：人民出版社，1999 年版，第 559 頁。

咸奉曾、張兩家書爲圭臬焉。影響所及，信廣遠矣。」〔註 2〕由此可見，《輶軒語》的影響當初決不亞於《書目答問》。現在，給《輶軒語》做一個詳細的注解，可能會使這部蒙塵已久的名著獲得新的生命。在黃曙輝先生的倡議下，本書有機會作爲「國學初階」的一種由華東師範大學出版社公開出版，對於普及國學、傳播文化或者不無裨益吧。

二十多年前，我在武漢大學主修語言文字學的同時，也選修了曹之教授的古典文獻學、喬好勤教授的中國目錄學史。這兩門課程引起了我的學術興趣，特地買了一部《書目答問補正》，一直帶在身邊，反覆閱讀，字裏行間批得密密麻麻，《書目答問》也就成了我的良師益友。後來，陳戍國先生建議我閱讀《四庫全書簡明目錄》，曹之先生又指導我專攻《四庫全書總目》。我得以升堂入室，略窺古典宮室之美，完全得益於諸位先生的誘導與扶持。在漫長的問學之路上，雖然走過一些彎路，但沒有誤入歧途，因爲我掌握了學海的航海圖。我現在也建議我的學生遵循由《輶軒語》而《書目答問》而《四庫全書簡明目錄》而《四庫全書總目》的閱讀路徑，步步爲營，漸次深入古典目錄學的殿堂。眾所周知，中國古代的目錄學家，從劉向、劉歆，到紀曉嵐、張之洞，大都是他們那個時代最博、最精、最通之曠代鴻儒，他們理所當然地成爲傳統文化的最佳導航員。當代目錄學已經基本喪失了「辨章學術、考鏡源流」的話語權，也就難免淺陋之譏。爲了避免淪爲淺人、陋儒，我們必須回歸古典，大量閱讀經典，並做出嚴肅認眞的思考。捨此之外，別無終南捷徑可覓。

我在研究《經解入門》的過程中，發現此書大量抄襲《書目答問》與《輶軒語》，爲此寫了一篇長篇論文，同時揭開了一個秘密——《輶軒語》的精華大體被《經解入門》吸收。換言之，《輶軒語》後來雖然長期束置高閣，但實際上依附於《經解入門》而得以傳播。因此，我在做《經解入門疏證》的同時，也就順便注釋了《輶軒語》。在注釋《輶軒語》的過程中，我一再被她的美貌驚呆了！《輶軒語》確實是一部藏在深閣人未識的好書。比起那些似通非通的「通論」「概論」「導論」「引論」，她不知要高明多少！因爲《輶軒語》講的是實實在在的經驗之談，誠如南皮自稱「階梯之階梯，門徑之門徑」。欲升高者，可登此階梯；欲入門者，亦可循此門徑。捨此之外，亦別無靈丹妙藥可覓。

〔註 2〕張舜徽：《愛晚廬隨筆》，武漢：華中師範大學出版社，2005 年版，第 346～347 頁。

　　我曾經與邢文明博士（現在湘潭大學公共管理學院任教）共讀《輶軒語》，一人持本，一人讀之，遇有異同，則詳記之。《輶軒語》看似簡易，其實並不好懂。現在看起來，它寫得過於簡略。其中大量的書名、人名、詞語、典故，已經成爲當代讀者的閱讀障礙，無不需要加以詳細注解。關於書名，重點參考了《四庫全書總目》、《簡明古籍辭典》。關於人名，重點參考了《中國文學家大詞典》、《中國歷史大詞典》、《清代人物生卒年表》。關於語詞、典故，主要參考了《漢語大詞典》、《辭海》、《辭源》、《故訓匯纂》、《音韻學詞典》、《中華道教大辭典》等工具書。此外，還參考了大量人文社會科學論著，隨文出注，不再一一羅列，謹此一併致謝！

　　最後，我要特別感謝馮天瑜先生。馮先生撰寫過《張之洞評傳》，又與人合作主編新版《張之洞全集》。前幾年，在我的教授職稱一度遇到阻力的時刻，他熱情地向我伸出援手，試圖將我調入他的麾下，在武漢大學中國傳統文化中心作一名專職研究員。此舉令我五內俱熱，使我在那個極其寒冷的冬天感受到了巨大的溫暖。爾後，他一再將其論著饋贈給我，還特地送了一張他親筆畫的王國維素描。在我讀書累了的時間，有時看一眼掛在書房的王國維畫像，也就自然聯想起《人間詞話》中的「三境界說」：「古今之成大事業、大學問者，必經過三種之境界：『昨夜西風凋碧樹，獨上高樓，望盡天涯路。』此第一境界也。『衣帶漸寬終不悔，爲伊消得人憔悴。』此第二境界也。『眾裏尋他千百度，驀然回首，那人卻在燈火闌珊處。』此第三境界也。」可謂大辟境界，自出手眼。此等語非大宗師不能道，「三境界說」亦非王國維不能道。從新手上路到上下求索，潛修冥索，甘耐寂寞，無怨無悔，不改其樂，忽有一日，驀然回首，頓時悟道，刹那間步入「學有緝熙乎光明」的第三境界。這恐怕也正是馮先生藉此提升後來者精神境界的「勸學篇」吧。現在，馮先生又慷慨賜序，勉勵有加，體現了名家風範。

2009 年 12 月 18 日於東湖卓莊

《文獻學概論》自序

　　文獻學目前還是以傳統文獻學爲主體。我們提倡的是「傳統功底+現代視閾」。現代文獻學的理念固然重要，但光有新方法，不能處理舊材料，還是無濟於事。如果輕視新方法、新材料，僅僅使用舊方法、舊材料，在學術上也難以開創新局面。如果我們對九經三傳、諸子百家爛熟於心，又對傳統文獻學方法運用自如，再加上現代文獻學的方法與現代化的研究手段，就完全有可能「較乾嘉諸老更上層樓」。

　　有關文獻學的研究可謂突飛猛進，日新月異；文獻學教材也是層出不窮，遍地開花。大體而言，此類教材難免陳陳相因，佳者寥若晨星。本書係本人主編之文獻學講義，力求因中有創，創中有因，實事求是，推陳出新，欲對文獻學教學體系的建設有所貢獻。

　　文獻學是一門實踐性很強而理論性相對貧乏的學問，是一門實用之學，並非空疏之學。它強調實證，反對空談，紙上談兵不能解決任何問題。古人云：「操千曲而後曉聲，觀千劍而後識器。」我們主張從豐富多彩的文獻本身入手，而不是從空洞的文獻學理論入手。換言之，從瞭解原典入手，而不是從販賣「概論+通識」入手。熟悉文獻學的知識譜系，選擇性之所近的若干種經典反覆誦讀，學生的人文素養就會逐步提高。

　　我們認爲，中國文獻學的宗旨是「辨章中華學術，考鏡文獻源流」。中國古典學還處在建設之中。文獻學是古典學的重要組成部分，歷來注重辨章學術，考鏡源流。具體而言，理清書籍類別，辨析史料價值和內容，考證典籍源流，闡明學術流變，最終爲古典學的研究提供堅實可靠的平臺。

　　時下盛行理論脫離實際之風，動輒搞一套中看不中用的「理論體系」，往往七寶樓臺撤開不成片段。我們不願故弄玄虛，無意編造一套集古今中外之大成的文獻學體系。古代文獻浩如煙海，即使照本宣科也難免開口就錯，因此，宣講此學又談何容易！從認識論的角度來看，「完全正確」、「永遠正確」也是不可能的。我們儘量減少硬傷，避免常識上的錯誤。如果有熱心的「學術警察」予以當頭棒喝，我們當效法古人，聞過則喜，從善如流，虛心接受。

　　有人宣稱：「重寫中國古代學術史。」也有人宣稱：「重寫中國古代文獻。」中國古代學術史固然有各種各樣的寫法，你可以這樣寫，他可以那樣寫，倒也無妨。但中國古代文獻早已存在，不容篡改，不知他們究竟如何「重寫」？我們沒有如此膽量，只是述古而已。懷著極大的敬畏之心，我們笨拙地將汗牛充棟的文獻分為若干大類若干小類，串成一幅粗糙不成樣子的裝飾品。我們不敢宣稱──「這就是古代文獻！」「這就是文獻學！」但我們敢於班門弄斧，敢於嘗試新路，敢於改變故轍。有道是：「作者皆聖賢，述者亦好古。誰解其中味，此中多甘苦。」這種甘苦能否得到同情之理解？這種嘗試能否行得通？是否又會蛻變為一種新的套路？我們期待著學生的檢閱與同行的鑒別。

2010 年 6 月 17 日記於武漢觀衢軒

《文獻學概論》後記

　　本書是為圖書館學專業編寫的文獻學通論性質的教材。編寫時儘量注意到結合本專業的特點，要求學生掌握文獻分類，熟悉古典門徑，多記人名書名。考慮到它可能對中國古典文獻學、中國歷史文獻學、中國哲學史以及國學專業或古文獻專業的學生也有一定的參考價值，文史研究者、愛好者或許也會感興趣，因此我們也嘗試使本書「眼觀六路，耳聽八方」，儘量避免落入「文獻學 ＝ 目錄學＋版本學＋校勘學＋辨偽學＋輯佚學＋考據學＋編纂學＋文字學＋訓詁學＋音韻學＋……」的模式之中。最初的文獻學教材是「目錄學＋版本學＋校勘學」拼綴而成的小三樣，而後拼盤花樣越來越多，雪球越滾越大，戰線越拉越長。我在執教之初，也曾按照上述模式傳授文獻學，深感難以在一個學期內將如此豐盛的文化大餐和盤托出。如果每門都講一點，難免蜻蜓點水、淺嘗輒止之譏。況且目錄學、版本學、校勘學、辨偽學、輯佚學、考據學、編纂學、文字學、訓詁學、音韻學等皆已獨立門戶，我們早已沒有必要再按照前人的模式製造一份文獻學的「十全大補」套餐。

　　有道是：「滿紙荒唐言，一把辛酸淚。都云作者癡，誰解其中味？」十餘年來，我一而再再而三地編纂文獻學教材，真可謂一波三折，多災多難。詩曰：「黽勉從事，不敢告勞。無罪無辜，讒口囂囂。」起初，有人自己沒有金剛鑽，偏要攬下瓷器貨，命我捉刀，草稿甫定，旋被乾沒。後來，我被光榮「引進」，接替曹之教授的文獻學教席，又奉命重寫《文獻學通論》，按照「大文獻學」的路數編寫講義。專業化的訓練，使我早已習慣了專題研究。而這種概論性質的教材又是另外一種寫法，要求在獨抒己見之前，還要羅列眾說，面面俱到。坦率地說，我厭惡大而無當，厭惡拾人牙慧，厭惡四平八穩，更

厭惡面面俱到。因此，編寫教材，對我來說無異是一種殘酷的懲罰。我常常為此頭疼不已，彷彿帶上了緊箍咒，被師傅一咒，只好滿地打滾。作為一名文獻學研究者，我一直在探索新路，在冒險中獲得神秘的體驗，在弄潮中體驗學問的神秘。作為一名文獻學教授，我既為沒有自編教材而負疚不已，又常常備受各方的責難。學生們對我已經相當包容，但他們也急切地盼望我拿出一本公開出版的自編教材。正當我的《文獻學通論》書稿即將殺青之時，在拉薩朝聖的路上，因為筆記本硬盤的損壞而無法恢復，於是我的文字障受到了一次極為可怕的懲罰，讓我在雪域天路上沉默良久。將近一個月的西藏之行，彷彿就飛翔在天上。神山聖水，僧寺廟堂，奇特風光，一度讓我忘掉了語言、思想、世俗及其他。我甚至幻想自己化為一尾魚，自由自在地遨遊於納木錯或巴松錯……當我回到自己的崗位上，年復一年地站在三尺講臺上，面對嗷嗷待哺的學生，我又重新思考文獻學教材的編纂，嘗試走一條新路，放棄被弄濫了的套路，努力跳出「學」之重圍，重新回到文獻本身，回到劉向、劉歆的老路上，重新扛起「辨章學術，考鏡源流」的大旗，為光復國故而搖旗吶喊，為「反·反傳統」而鼓與呼！

筆者自本科開始研習文獻之學，多歷年所。始則服膺師說，繼而懷疑成說，終則標新立異，自立新說。西學東漸以來，新舊之爭一直未曾停歇。數十年前有人評論道：「今之據高頭講章，岸然道貌者，動曰：『吾習舊學，不屑新學也。』今之翻洋板新書，昂然自命者，動曰：『吾習新學，不屑舊學也。』」（黃慶澄語）文獻學亦有舊學、新學之分，即傳統文獻學與現代文獻學之分。筆者始則由傳統文獻學入門，繼而受到現代文獻學的洗禮，近來又不遠而復，重新回到傳統文獻學的軌道上。這次回歸，決不是簡單的重走老路，也絕非開倒車，而是在痛苦的思索中有所領悟，有所發現。「知我者謂我心憂，不知我者謂我何求。」所求者不過「實事求是，推陳出新」而已。

在傳統發明之學早已式微的今天，我們不得不乞靈於發現之學。「二重證據法」業已成為當代學術研究的不二法門，我們不得不從此借路。本書分為上下兩編。上編大膽地將傳世文獻的四分格局調整到新的七分；下編小心地介紹出土文獻。思路既明，筆者奮力草擬初稿，又召集同志，分頭補綴。我的主攻方向是傳世文獻，在充分吸收前人研究成果的基礎上，斗膽提出了新的文獻分類法（這也許是本書的最大特色）。對於出土文獻，我們缺少深入細緻的專門研究，較多地借鑒了行家的最新成果，如甲骨文獻，主要參考了李

學勤、裘錫圭、王宇信、宋鎮豪、楊升南等人的論著；簡帛文獻，主要參考了李學勤、李零、沈頌金等人的專著；金石文獻，主要參考了馬衡、朱劍心、李零、趙超、程章燦等人的研究成果；敦煌吐魯番文獻，主要參考了王素、榮新江、許建平、李錦繡等人的論著，謹此致謝！

2010 年 6 月 3 日子夜

【黃學之什】

《黃侃年譜》前言

　　黃侃（1886～1935），原名喬馨，字梅君，後改名侃，字季剛，晚號量守居士。湖北蘄春人。黃侃在小學、經學、文學等方面均有所建樹，被公認爲清代樸學的殿軍。

　　黃侃生於名門（其父黃雲鵠爲晚清知名經學家、文學家），少承家學，讀書多神悟。自啓蒙後又得江瀚等訓誨。家多藏書，讀經之餘，又博覽諸子百家，故得大器早成。十五歲中秀才，十七歲入湖北文普通學堂，後東渡日本，留學於早稻田大學。1907 年開始跟從章太炎學習小學，後又一度拜劉師培爲師，學習經學。1914 年北上就北京大學教授之聘，講授中國文學史。1919 年轉教武昌高等師範學校，1926 年以後又應北京師範大學、東北大學、中央大學、金陵大學等校之聘，長期在南北各大學執教。黃侃治學嚴謹，宗風深遠。不少及門弟子後來也成爲了許多領域的大師級人物，如范文瀾、羅常培、金毓黻、劉賾、黃焯、龍榆生、徐復觀、林尹、徐復、楊伯峻等。日本吉川幸次郎與黃侃僅有一面之緣，一經點化，即悟治學之道，也成爲漢學大家。

　　黃侃學術雖爲世人所重，但瞭解其人者卻不多見。黃侃的一生，反滿、反袁、反日、反蔣，堂堂正正，大節不虧。正學以言，絕不曲學阿世。黃侃又恰好處在一個新舊時代的轉折點上。時代的急劇變化，使他成爲一個頗具爭議的人物。五四新文化運動以後，傳統文化這一持續了數千年的「大傳統」一夜之間淪爲「小傳統」，新舊代序，雅俗易位，傳統斷裂，天翻地覆。黃侃始終堅持其學術立場——「昌明中華固有之學術」，「量力守故轍」，一生爲國故招魂。時人或以爲他「開倒車」，笑罵者不乏其人。新文化的領袖們無不將他視爲保守派的首腦。在「新即等於進步、舊即等於反動」的簡單思維模式

下，黃侃長期被誤解、被冷落。「背時詩待素心論。」我們不能簡單地將黃侃斥之爲「國粹派」而加以全盤否定，還應該看到他在守護和發展傳統文化過程中所起到的積極作用。黃侃雖爲「國故之魂」，但也「爲新國語家張目」，他的學說爲錢玄同、羅常培以下的現代語言學家掃清了道路，打開了方便之門。

然而，海內外專門從事黃侃研究者尚爲數不多。黃焯乃其族侄，早年追隨黃侃治經學、小學，晚年爲整理黃氏遺書耗費了巨大的心血。他曾編纂過一部《黃季剛先生年譜》，少數材料根據回憶寫成，大部分則是隱括《黃侃日記》。此譜雖較爲簡略，但大輅椎輪，功不可沒。此外，臺北柯淑齡在潘重規等的指導下，其博士論文即以黃侃研究爲題。該書側重於對黃侃學術成就的總結，而對其生平資料反映較少。近年來，海峽兩岸舉行了多次章黃學術研討會，國內曾一度發起成立「黃侃學術研究會」，對於黃侃的研究工作雖有所推進，但從總體上來看，還未見突破性進展，迄今爲止還沒有一部全面反映黃侃生平與學術的年譜，也缺少一部高質量的《黃侃評傳》。黃侃研究是一項光榮而嚴肅的學術工作，需要方方面面的專家進行全方位、多學科的研究。但是，目前學術界在這方面的工作還開展得還不夠，這是與其學術地位極不相稱的。

孟子云：「誦其詩，讀其書，不知其人，可乎？」爲了知人論世，減少誤解，首先必須編纂一部信今傳後的《黃侃年譜》。在編纂過程中，我們擬遵循如下幾項原則：第一，尊重客觀性。本譜繼承司馬遷「不虛美，不隱惡」的實錄精神，將客觀性作爲首要原則。我們的許多老師都以黃侃的再傳弟子爲榮，提到黃侃，無不肅然起敬；言談之間，往往喜形於色。雖然我們與譜主在學術上有一定的傳承關係，在三傳之列，但還是選擇了「超家法」、「超學派」的學術立場，努力保持「價值中立」，是者是之，非者非之。既不沒其長，亦不護其短。黃侃爲人通脫不羈，性情乖張，舊時代的文人習氣——正如魯迅先生所說的「才子+流氓」——在他身上體現得淋漓盡致，遭到吳虞、錢玄同、周作人、吳承仕、楊樹達、湯國梨、馬敍倫、吳梅、蘇雪林等新老名流的深度鄙視。本譜無意「爲尊者諱」，秉筆直書。第二，力求準確性。相關史料一一經過縝密考證，盡量避免張冠李戴或以訛傳訛。「其文直，其事核」，也是本譜所追求的目標。第三，重視學術性。以譜主的學術活動爲主，力圖完整反映其觀點；以譜主的師承授受爲主線，突出譜主在「章黃之學」中承

前啓後的關鍵作用；反映譜主在中國學術史上的地位與影響。第四，突出資料性。本譜廣泛利用譜主的著述、信札、日記、批註、題跋等第一手材料以及相關報導、譜主的老師、學生和朋友的筆記、回憶文章等。第五，注意可讀性。本書力求以通暢的敘述記載譜主行事，注意剪裁與銜接，對一些比較重要的事情不惜筆墨，對於比較次要的事情則一筆帶過，對於一些無聊瑣碎的事情則不予反映，試圖眞實而全面地再現一代大師的風采。

　　黃侃曾自擬一聯，感悟人生，頗能傳其精神，錄之作爲結語——

　　　世事若波瀾，忽上忽下，洶湧終須歸大海；

　　　人生非雀鼠，自賢自聖，昂藏不必問青山。

《黃侃年譜》後記

　　這部年譜凝聚了很多學界前輩的心血。武漢大學周大璞教授、李格非教授、黃孝德教授、黃景熙教授、宗福邦教授、陳美蘭教授，湖南師範大學周秉鈞教授、何澤翰教授、馬積高教授、王大年教授，湖南文史館陳雲章教授，四川社會科學研究院趙幼文教授，湖北省圖書館徐孝宓先生等，或耳提面命，或貽以翰墨，使我獲得了大量書面以外的活資料。吾生雖晚，猶及見典型。1989 年春夏之交，我在南京拜訪程千帆、徐復兩位先生。程千帆先生當時大病初愈，欣然接見，指示我一定要將黃侃的詩文編年問題考證清楚。徐復先生愉快地回憶起追隨季剛先生學習的往事，鼓勵我盡快編好年譜。近年，我又四到白下，五訪徐復先生。徐老年愈九秩，還逐字逐句審閱全稿，並提供了具體補充材料。他肯定拙稿材料豐富，並許爲「精心之作」。華中師範大學黃建中教授熱情邀請我出席 1993 年海峽兩岸黃侃學術研討會，武漢大學中文系的老師們大多知道我一直在研究黃侃，也曾熱情邀請我參加 1995 年海峽兩岸黃侃學術研討會。盧烈紅教授、楊逢彬教授多年來一直關注此書的編纂，今又惠賜序言。湖北人民出版社領導也非常重視此書，將它列爲重點出版項目。劉道青社長、李爾鋼副總編、易學金主任做了大量組織協調工作。謹向上述各位先生致以衷心的謝意！感謝所有關心本書的老師和親友們！

　　近年來，我把主要精力集中在中國古典學方面，潛心從事四庫學研究，而在黃侃研究方面實在是心有餘而力不足。王文暉博士應邀參加了後期的定稿工作，補充資料，潤色文稿，費盡心力。如果沒有文暉的加盟，不知等到何年才能殺青。

　　由於譜主日記殘缺不全，又無保存著作習慣，目前流行的幾種文集存在大量的問題，還有若干手稿未能公開問世，因此編纂本譜難度極大。譜主一生交遊極廣，囿於見聞，無法全部反映。其生平事蹟、零散文章，譜中所載也多所缺漏。由於所得材料多寡不均，本書還存在各年之間或一年之中詳略懸殊的狀況。本譜數易其稿，由簡而繁，又由繁而簡。雖欲集千腋成一裘，仍然難免掛漏之譏。我們懇請讀者賜正，更熱切期待海內外有識之士惠賜與本譜有關的材料，或者提供有關線索，以便他日修訂此譜。

　　特別需要說明的是，本譜的另外一個版本《黃侃編年》成於 2002 年上半年，要比此本詳細，既是事蹟編年，也對詩文進行了編年。原武漢大學物理系教授黃念寧先生以其特有的方式傳播了此稿。中國文史出版社公開 2004 年 1 月出版《辛亥革命先驅、國學大師——黃侃傳》也充分利用了《黃侃編年》。如果《黃侃年譜》能為真正埋頭苦幹的學者（不包括形形色色的騙子）提供若干鋪路石子，我們會引以為榮。

　　元儒戴表元《大學中庸孝經諸書集解音釋序》云：「窮經學古之彥，不以世故動心，怡然自守師說於山林草澤間，宜舉一世不好之而不變，聲薰氣染之久，而亦或為人所採拾。」（《剡源文集》卷八）當今之時，學人大多以世故動心。熙熙攘攘，皆為利往。傳統學術早已棄若敝屣。怡然自守師說於山林草澤間者，求之國中，可謂鳳毛麟角。黃侃量力守故轍，終成國故之魂。薪盡火傳，我輩亦當為弘揚國學竭盡綿薄之力。黃焯先生曾自擬一聯：

　　　　治學教人，辨是非，勿計利害；

　　　　立身行己，明正誼，不圖近功。

　　我們當終身引為座右銘，朝乾夕惕，甘為絕學傳薪火，甘為乾嘉作殿軍。

2003 年 7 月 16 日記於復旦大學

2004 年 12 月 26 日改於武漢大學

《黃侃年譜》後記初稿 [註1]

　　這部年譜凝聚了很多學界前輩的心血。武漢大學周大璞教授、李格非教授、黃孝德教授、黃景熙教授、宗福邦教授、陳美蘭教授，湖南師範大學周秉鈞教授、何澤翰教授、馬積高教授、王大年教授，湖南文史館陳雲章教授，四川社會科學研究院趙幼文教授，湖北省圖書館徐孝宓先生等，或耳提面命，或貽以翰墨，使我獲得了大量書面以外的活資料。吾生雖晚，猶及見典型。1989 年春夏之交，我在南京拜訪程千帆、徐復兩位先生。程千帆先生當時大病初愈，欣然接見，指示我一定要將黃侃的詩文編年問題考證清楚。徐復先生愉快地回憶起追隨季剛先生學習的往事，鼓勵我盡快編好年譜。近年，我又四到白下，五訪徐復先生。徐老年愈九秩，還逐字逐句審閱全稿，並提供了具體補充材料。他肯定拙稿材料豐富，並許為「精心之作」。華中師範大學黃建中教授熱情邀請我出席 1993 年海峽兩岸黃侃學術研討會，武漢大學中文系的老師們大多知道我一直在研究黃侃，也曾熱情邀請我參加 1995 年海峽兩岸黃侃學術研討會（當時因故未能出席）。楊逢彬教授幫助提供了若干材料。湖北人民出版社王皓先生為本書的出版多方聯絡，且提出了不少極具建設性的修改意見。藉拙著出版之機，謹向上述各位先生致以衷心的謝意！感謝所有關心本書的老師和親友們！

　　由於譜主日記殘缺不全，又無保存著作習慣，目前流行的幾種文集存在大量的問題，還有若干手稿未能公開問世，因此編纂本譜難度極大。譜主一生交遊極廣，囿於見聞，無法全部反映。其生平事蹟、零散文章，譜中所載也多所缺漏。由於所得材料多寡不均，本書還存在各年之間或一年之中詳略

〔註 1〕原載《黃侃年譜》稿本卷末，此為初次發表。

懸殊的狀況。本譜九易其稿，由簡而繁，又由繁而簡，歷時二十年，行程數萬里，上窮碧落下黃泉，跑遍各大圖書館，眞正做到了「採銅於山，煮鹽於海」。雖欲集千腋成一裘，仍然難免掛漏之譏。我們懇請讀者賜正，更熱切期待海內外有識之士惠賜與本譜有關的材料，或者提供有關線索，以便他日修訂此譜。

特別需要說明的是，本譜的另外一個版本《黃侃編年》成於2002年上半年，要比此本詳細，既是事蹟編年，也對詩文進行了編年。黃念寧（原武漢大學物理系教授、博士生導師，也是黃侃的第七公子）聽說後，多次電話催促「快拿來給我瞧一瞧」，並稱「我已經與武漢大學出版社聯繫好了，武漢大學校長也發話一定要在自己學校出，同時還在臺灣出繁體字本」。當時我還眞有一種說不出的感激——書稿初成，就遇到貴人相助，豈不快哉！哪裏又料到他會另有所圖？2002年9月11日下午，我專程由上海來武漢，特將書稿面交黃念寧教授，兩日後，他吞吞吐吐，語無倫次，我只好將書稿索回。我又哪裏想到，一名堂堂的老教授居然COPY了我的書稿！身為名門之公子、名校之博導的黃老教授如此「循循善誘」，眞令人歎為觀止！黃老教授明知我離漢北上，趁機將電話多次打到我上海的寓所，巧舌如簧，企圖「智取」《黃侃編年》的電子版。「陽謀」被識破後，白髮蒼蒼的老教授竟然惱羞成怒，到處散佈謠言，對我百般抹黑，妄圖將我封殺。我二十年間嘔心瀝血，為其父撰寫年譜，竟然被他罵得一文不值。黃念寧教授繼承其父風格，一貫喜歡謾罵加恫嚇，無日不罵人，無人不被罵，只是這種戰鬥方式過於落後，因為這類伎倆早已被其父的一位同門而非好友（魯迅先生）識破。我對此並沒有被嚇破膽，竟然不識抬舉，斗膽質問黃念寧教授，問得他無言以對，只好把電話甩掉。〔註2〕

我還要進一步交代的是，後來黃老教授公然將《黃侃編年》傳給原鄂州市人民政府秘書長葉賢恩「研究員」（此處研究員加引號，以示與研究機構的研究員有別，下同）！葉「研究員」也是一位七十以上的老幹部，自稱「退休以後無事可幹，只好寫書打發日子」。他充分利用了《黃侃編年》稿本，瞞天過海，巧取豪奪，移花接木，偷樑換柱，「多快好省」地「寫」出了一部《黃

〔註2〕前段時間聽說黃念寧已經近乎失常，同人視同異類，異哉！他在武漢大學上躥下跳，無事生非，喪心病狂，鬧下無數笑柄。萬萬沒有想到——黃侃之後竟然出了如此另類的人物。2016年1月11日補記。

侃傳》（版權頁上注為《辛亥革命先驅、國學大師——黃侃傳》），又在後記中編造了一套謊言。該書已於 2004 年 1 月由中國文史出版社公開出版。我在與葉「研究員」第一次電話聯繫時，他承認看過我的書稿。這一點還是蠻可愛的，謹此向可愛的葉「研究員」致以十二萬分的感謝。但是，不無遺憾的是，可愛的葉「研究員」在參考與徵引文獻中列舉多達 104 種，偏偏將他受惠最多的《黃侃編年》隻字不提，無意乎？抑有意乎？儘管這位可愛的「研究員」試圖掩人耳目，書中還是留下了不少蛛絲馬蹟。《黃侃傳》除了大肆抄襲《黃侃編年》之外，還抄襲了黃焯先生、張世祿先生、許嘉璐先生、王寧先生等著名專家的研究成果，且概不交代出處，已經構成了赤裸裸的侵權。對於如此下作行徑，我想，學界自有公論。我也提請感興趣的先生來一次集體會診，研究一下他的《黃侃傳》到底是如何採取「拿來主義」的。〔註3〕近年來，本人致力於文獻辨偽，豈料自己的書還未出版，竟頻遭這等可愛的教授、「研究員」們的算計！嗚呼！

2004 年 6 月 28 日於武漢大學

〔註 3〕「葉公」被宣傳為「老而彌勤的傳記作家」、「寫書上『癮』的老人」，在短時間內出版了一大堆所謂的著作，如 1995 年～1999 年出版了 5 本書：《中外名人家教故事》、《鄂州人物》等；2000 年～2004 年出了 3 本書：《古今伉儷情深詩詞選集》、《張裕釗傳》、《黃侃傳》。此後還有《湖北歷史名人》、《王葆心傳》、《熊十力傳》、《龐安時傳》、《李時珍全傳》、《陳沆傳》、《湖北廉吏傳》等。自 1986 年至 2011 年間，他出版著作 31 種，其中獨著 18 種，與人合著 1 種，主編 12 種，凡 1700 餘萬字。而以《黃侃傳》一書最為著名，湖北出版之後，北京、臺灣又搶著再版，一版再版出了 4 次。今按：如此「詩人」、「作家」、「著名傳記作家」的所謂著作，值得仔細考察其史源。我敢斷言——「葉公」的《黃侃傳》是一部徹頭徹尾的欺世之作！

《黃侃評傳》小引

　　我在中學階段就開始與黃侃結緣，課暇細讀了陸宗達先生的《說文解字通論》一書，初步涉獵了黃侃的學說。1986 年秋天，我有幸考入進入武漢大學中文系，這是章黃學派的重鎮——黃侃的弟子劉賾、黃焯兩位大師長期在此絳帳談經，殷勤傳學。入學當年我在梅園新華書店購買的第一本書就是中華書局影印本《說文解字》。很快又根據黃侃開列的國學書目，按圖索驥，一一攻讀，並選擇黃侃生平與學術作爲突破口，搜集資料，爲他編撰年譜，20歲時就完成了初稿，後來不斷地增補修訂，這部處女作直到 2005 年才公開出版。因爲《黃侃年譜》，30 年間我與幾代學者結緣。既得良師益友之扶持，亦遭劣師損友之中傷。

　　多年前，郭齊勇先生鼎力推薦由我撰寫《黃侃評傳》，儘管當時手頭的事情堆積如山，我也只好將其他事暫時放到一邊，開始爲黃侃的日記作校注，爲他的詩集、詞集、文集作編年。這是一個系統工程，也是學術界亟待攻克的重大難關。爲了寫《黃侃評傳》，別無選擇，只好破釜沉舟。年譜便於操作，只要材料齊全即可；而評傳需要選擇，需要構思，需要再度創作，更需要深度解釋。而對這樣一個怪異的傳主，確實又難以解釋。一是他是一個極具個性的人，二是他所處的時代又極其複雜，與他相關的章太炎、劉師培、蔡元培、陳獨秀、胡適、錢玄同等人都異常複雜。牽一髮而動全一身，需要重新評價的人物太多太多，需要重新評價的問題太多太多。

　　本書初稿完成之後曾經請楊逢彬、師領兩位畏友審閱。他們都提出了極爲中肯的批評意見。逢彬兄建議我學習「零度寫作」的方法。此法源自法國文學理論家羅蘭・巴特 1953 年發表的一篇文章《寫作的零度》。現在零度寫

作則指作者在文章中不摻雜人任何個人的想法，將澎湃飽滿的感情降至冰點，讓理性之花昇華。儘管我也作了一些嘗試，但始終不得其法，只好放棄。師領兄建議我站在人類文化史的制高點上，來一個高屋建瓴──章黃那一代人邁出的是第一步，五四那一代人邁出的是第二步，現在我們應該邁出第三步。這種大視野對我很有啓發。《易・兌・象》曰：「麗澤，兌。君子以朋友講習。」昔年在珞珈山上，時常與逢彬、師領諸兄切磋，朋友講習，互相啓發，共同促進。此稿尤得二友郢削，謹此致謝。中國海洋大學李婧博士撰寫了部分章節，高誼可感，特此鳴謝。

近日獲讀東京大學林少陽教授《鼎革以文──清季革命與章太炎「復古」的新文化運動》一書。該書大膽質疑「革命」與「改良」二元對立的晚清思想史敘述框架，提出了「復古的新文化運動」的新概念，以章太炎爲主，也可以與黃侃對接，故對本書的修訂也具啓發意義，對於黃侃的歷史定位尤具啓迪意義。如果說五四一代倡導的是反復古的新文化運動，那麼章太炎、黃侃倡導的就是復古的新文化運動，相反相承，各有千秋。揚此抑彼，是丹非素，皆非通論。

在極度亢奮之中寫出初稿，原稿中持論不乏尖銳之處，編輯一一爲之指出，建議刪改。修改時儘量筆削，務求平允，平心靜氣，以合中道。間有不平之氣，留待日後消磨。

2016 年 4 月 6 日於武漢觀衢軒
2017 年 6 月 3 日修改於上海文淙閣

《黃侃評傳》小引原稿

張子曰：「爲天地立心，爲生民立道，爲去聖繼絕學，爲萬世開太平。」
這是一個極高極遠的目標。雖不能至，心嚮往之。

我在中學階段就開始與黃侃結緣，曾利用課餘時間細讀了陸宗達先生的
《說文解字通論》，牢牢記住了黃侃的名字。隨後如願進入武漢大學中文系，
這可是章黃學派的重鎭。報到之後，衝到梅園後邊的新華書店，購買的第一
本書就是中華書局影印本《說文解字》，讀得如癡如狂。很快又根據黃侃開列
的國學書目，按圖索驥，一一攻讀，並選擇黃侃作爲突破口，搜集資料，爲
他編撰年譜，20 歲時就完成了初稿，後來不斷地增補修訂，這部處女作直到
2005 年才公開出版。因爲《黃侃年譜》，30 年間我與幾代學者結緣。

兩年前，郭齊勇先生鼎力推薦由我撰寫《黃侃評傳》，儘管手頭的事情堆
積如山，我也只好將其他事暫時放到一邊，開始爲黃侃的日記作校注，爲他
的詩集、詞集、文集作編年。這是一個系統工程，也是學術界亟待攻克的重
大難關。爲了寫《黃侃評傳》，別無選擇，只好破釜沉舟。年譜便於操作，只
要材料齊全即可；而評傳需要選擇，需要構思，需要再度創作，更需要深度
解釋。而對這樣一個怪異的傳主，確實又難以解釋。一是他個人的言行極其
荒誕，二是他所處的時代又極其複雜，與他相關的章太炎、劉師培、蔡元培、
陳獨秀、胡適、錢玄同等人都異常複雜。牽一髮而動全一身，需要重新評價
的人物太多太多，需要重新評價的問題太多太多……

因爲黃侃，我們不得不闖入雷區。

因爲黃侃，我們不得不批判陳獨秀。

因爲黃侃，我們不得不批判胡適之。

因為黃侃，我們不得不批判錢玄同。

因為黃侃，我們不得不批判傅斯年。

因為黃侃，我們不得不重新思考新文化運動……

箭在弦上，不得不發。如此一來，因為黃侃，我們不得不引爆雷區。

可以預期，這本書可能會捅翻馬蜂窩，大大小小的馬蜂會傾巢出動向我們撲來。

來吧！來吧！我們無所畏懼。

我們一不為名，二不為利，一心只想——

　　為天地立心，為生民立道，為去聖繼絕學……

2016 年 4 月 6 日於觀衢軒

《黃侃評傳》引言

　　黃侃是中國近代最爲著名的文化保守主義者之一。對中國傳統文化的維護與弘揚，是文化保守主義者最基本的文化取向，也是他們被稱爲文化保守主義者的根本原因。國粹派、孔教派、東方文化派、學衡派、本位文化派以及現代新儒家皆被視爲文化保守主義者，因爲他們對傳統文化持的是維護和弘揚的立場。〔註1〕黃侃與上述各種派別皆有互動，成爲舉世公認的國學大師與文化保守主義的精神領袖。他是《國故》的主編，也是「國故之魂」。

一、「開倒車」：時賢的冷諷熱嘲

　　從現存的史料來看，陳獨秀可能是最早提出「章黃之學」「章黃之徒」等概念的人，當然他對章黃之學、章黃之徒頗有微詞。黃侃與陳獨秀分屬於不同的文化營壘：一爲國故派護法，旨在昌明中華固有之學術；一爲新青年領袖，提倡「民主」與「科學」。一個是拼命地守護，一個是拼命地破壞，如此針鋒相對，都源自不同的文化立場。長期以來，新文化被認爲代表了正確的方向，舊文化成爲落後、保守甚至反動的代名詞。在「新即等於進步，舊即等於反動」的簡單思維模式下，黃侃早已被新派人士視爲「昨日黃花」，看作是飛蛾撲火、螳臂當車式的人物，哪裏是激進派陳獨秀的對手？黃侃雖然參加過孫中山領導的舊民主主義革命，而陳獨秀是新民主主義革命的領袖。黃侃在辛亥革命之後，很快退出政治舞臺，1914 年秋天進入北京大學，成爲一個比較純粹的講學家。陳獨秀在他的《實庵自傳》中，一開頭就拿自己的「自傳」與英國著名哲學家、歷史學家休謨的自傳作比較：「休謨的一生差不多是

〔註 1〕鄭大華：《中國近代思想脈絡中的文化保守主義》，湖南人民出版社 2015 年版，第 4 頁。

消耗在文字生涯中，我的一生差不多是消耗在政治生涯中。」確實如此，陳獨秀的一生差不多是消耗在政治生涯中，而黃侃的一生差不多是消耗在文字生涯中。陳獨秀就好比是一支長矛，不斷的攻擊傳統，旨在革舊思想、舊道德、舊文化之命；黃侃好比是一面盾牌，始終守護傳統文化，以闡明固有文化爲己任。平心而論，各有利弊。在西方的堅甲利炮之下，古老的中國一次次遭受失敗的恥辱，中國人的自信心被打破，陳獨秀在這種背景下救國救民之心是可以理解的，但把一切罪過都推給舊文化與老祖宗，未免太簡單太粗暴。歷史早已證明，傳統文化與現代化並不是水火不容的，陳獨秀的那一套「不塞不流，不止不行」的理論則是主觀片面的產物。陳獨秀在《答易宗夔》中卻振振有詞地說：「尊意吾輩重在如意創造新文學，不必破壞舊文學，以免唇舌。鄙意卻以爲不塞不流，不止不行，猶之欲興學校，必廢科舉，否則才力聰明之士不肯出此途也。方之蟲鳥，新文學乃欲叫於春啼於秋者，舊文學不過啼叫於嚴冬之蟲鳥耳，安得不取而代之耶？舊文學、舊政治、舊倫理，本是一家眷屬，固不得去此而取彼；欲謀改革，乃畏阻力而牽就之，此東方人之思想，此改革數十年而毫無進步之最大原因也。」〔註2〕「覆孔孟，鏟倫常」，這就是陳獨秀的終極目標。孔孟之道固然有其歷史局限性，但其積極作用與普世價值也被陳獨秀統統否定掉了。中國人要過「現代生活」就必須與孔孟之道決裂嗎？ 就非要與以孔孟之道爲核心成分的整箇舊文化、舊倫理、舊道德、舊思想決裂嗎？爲什麼西方人在完成現代化的同時能夠保存自己的傳統文化，而我們卻一定要把自己的傳統文化打得粉碎呢？

錢玄同在1938年10月23日的日記中批評黃侃「開倒車」：

> 今日燈下病而閱黃季剛之《爾雅正名評》，其書爲汪鎣作而黃氏評之，皆謬也。而黃氏尤謬。黃幸而爲章徒，故尚能就聲類以言本字，否則將並此而不能，止會確遵《十三經注疏》之説耳。論其見解，比吳派之惠、江還要開倒車，眞退化，眞復辟兮！〔註3〕

楊樹達也有類似的批評：

> 閱報知黃季剛病逝。季剛於《説文》爛熟，然其所推論之孳乳先後多出於懸揣，不足據信。大抵此君讀書多而識解不足，強於記憶而弱於通悟。清儒學問本分兩派：皖派江、戴，主實事求是；吳派惠氏，

〔註2〕陳獨秀：《陳獨秀書信集》，新華出版社1987年版，第220頁。
〔註3〕錢玄同：《錢玄同日記》，北京大學出版社2014年版，第1359頁。

主信而好古。皖派有解放精神，故能發展；吳派主墨守，則反之。戴弟子有王、段、孔三家，各有創見。惠弟子爲江聲、余蕭客輩，抱殘守缺而已。俞陰甫私淑高郵，太炎師陰甫，實承皖派之流而益光大之。季剛受學太炎，應主實事求是；乃其治學力主保守，逆轉爲東吳惠氏之信而好古。讀《詩》必守毛、鄭，治《左氏春秋》必守杜征南，治小學必守許氏。於高郵之經學，不論今古文家法惟是之從者，則力詆之，此俗所謂開倒車。世人皆以季剛不壽未及著書爲惜，余謂季剛主旨既差，雖享伏生之年，於學術恐無多增益也。〔註4〕

在他們看來，黃侃早已淪落爲一個泥古不化，專門開歷史倒車的老朽腐儒。是耶？非耶？

楊樹達 1939 年 7 月 12 日又撰《溫故知新說》，以爲「溫故而不能知新者，其病也庸；不溫故而知新者，其病也妄」。又謂學者既須強識，還須通悟，「如不能兼，則寧取通悟而捨強識」。《積微翁回憶錄》云：「溫故不能知新者謂黃侃；不溫故而求新者，謂胡適也。」以「溫故不能知新者」譏刺黃侃，似非諦論。楊樹達早年師從梁啓超，受其影響極。他的批評也不無門戶之見。

只有陳新雄在《梅祖麟〈有中國特色的漢語歷史音韻學〉講辭質疑》一文中爲之辯白：

二十年來，臺灣的聲韻學會基本上已無學派之爭、門戶之見。沒有想到，梅祖麟在香港語言學會年會上的講詞，開講不久，就引了傅斯年《歷史語言研究所工作之旨趣》一文批章太炎先生的話說：「章氏炳麟在文字學以外是個文人，在文字學以內做了一部《文始》，一步倒退過孫詒讓，再步倒退過吳大澂，三步倒退過阮元——至於那部《新方言》，東西南北的猜去，何嘗尋揚雄就一字因地變異作觀察？這麼竟倒退過二千年了。」傅斯年當年的講話是有宣示作用的，也就是要創立以胡適爲主的新文學，反對以章太炎爲首的傳統文學，在那個時代，也許有其意識形態的作用；至於今日，五四運動之功過是非，也尚有許多爭論，我們有必要再挑起這樣一種新舊之爭嗎？說老實話，什麼叫做一步倒退過孫詒讓，再步倒退過吳大澂，三步倒退過阮元？〔註5〕

〔註 4〕楊樹達：《積微翁回憶錄》，上海古籍出版社 1986 年版，第 104～106 頁。
〔註 5〕陳新雄：《陳新雄語言學論學集》，中華書局 2010 年版，第 219 頁。

《文始》一書是章太炎在黃侃的啓發下撰寫完成的。〔註6〕傅斯年的「大
炮」瞄準的仍然是中國傳統文化與傳統學問，他將從漢到清的學問全盤否定，
後來遭到徐復觀的有力反駁。

　　黃侃很早就認清了自己所處的不利境遇，這給他以強大的挫折感。外界
壓力不斷積累，使他形成了一種嚴重的焦慮感。他既渴望得到不朽的名聲，
又擔憂可能被後人否認掉，進而形諸夢。1928 年 8 月 8 日的晚上，他做了一
個奇奇怪怪的夢：

　　　　夢至一大圓室，其額曰「倒知堂」，中坐二百人，似有所議，又
　　似作文，皆無語書，而聲如萬蚊聚鳴；白蝴蝶大如扇，往來飛舞；
　　堂上坐二三人，胸各縣一紙條飄飄然。良久醒，思之，此入蠅蟻國
　　也，未知所以名「倒知」者。

「倒知堂」未必就是「蠅蟻國」，黃侃也始終沒有弄清楚何以名爲「倒知堂」。
假如我們從精神分析的角度加以分析，這其實就是黃侃焦慮感的一種曲折反
應，歸根結底是源於某種個人衝突。大家都以爲他在開倒車，集體意識在發
號施令：「開倒車，開倒車，倒——倒——倒——」最後轉化成他的潛意識，
讓他倒進了「倒知堂」。「蠅蟻國」其實就是他心中的「學術中國」。「倒知堂」
「蠅蟻國」「白蝴蝶」應該都是象徵語彙。「象徵不是比喻也不是符號，它們
是大部分超越了意識內容的意象。我們還必須去發現這些內容的眞實性，去證
實它們就是那些我們不僅可能而且絕對必要與之達成協議的原動力。」〔註7〕
黃侃的渴望成了毀掉他的原因。他對另一個世界的渴求帶來對此世生活的厭
倦，他已經站到了自我毀滅的邊緣。漢語中沒有「倒知」一詞，黃侃雖精通
訓詁，熟讀古書，他也無法解讀此詞的含義。其實這是夢中的象徵語彙，翻
字書（如《說文》）、辭書（如《爾雅》）是無濟於事的。我們可能只能從精神
分裂症的前兆分析來探尋其謎底。「知堂」是意識世界，「倒知堂」是潛意識
世界。正是由於長期的壓抑，無數次挫折，他的夢中築起了「空中樓閣」與
「海市蜃樓」——「倒知堂」。「白蝴蝶」是否就是黃蝴蝶的變異？它讓我們聯
想起另外一位比黃侃稍晚一輩的現代詩人戴望舒的一首《白蝴蝶》小詩——

〔註6〕黃侃曾經告訴伍一比，他從章太炎那裡什麼都沒有學到。因爲章太炎本身沒有
　　　上過學，雖然在杭州問學於俞樾等人，也完全是舊式的治經路數。太炎是經生
　　　加文豪，始終徘徊於學術與政治之間，而非純粹的學者。章黃之間已經有一道
　　　難以跨越的鴻溝，這是時代的鴻溝。
〔註7〕〔瑞士〕榮格：《轉化的象徵——精神分裂症的前兆分析》，國際文化出版公司
　　　2011 年版，第 69 頁。

　　　　給什麼智慧給我，

　　　　小小的白蝴蝶，

　　　　翻開了空白之頁，

　　　　合上了空白之頁？

　　　　翻開的書頁：

　　　　寂寞；

　　　　合上的書頁：

　　　　寂寞。

　　戴望舒巧妙地用「白蝴蝶」這一意象來比喻他眼中早已空白的書，表達了他無法把握自己、無法把握現實、無法把控世界、無法排遣心中鬱結的極度苦悶與迷惘。黃侃夢中的「白蝴蝶」是否也是如此呢？萬蚊聚鳴，蝴蝶飛舞，看似熱鬧極了，實則寂寞極了，這種生命的焦慮感以夢的形式傳遞給黃侃，但他卻無法破譯其中的奧秘。為了釋放力比多（libido）〔註8〕①，他採取了縱慾的方式，拼命地釋放，提前將生命的能量釋放乾淨。夢的隱喻和深度來自於他的「中心神話」，即生命的焦慮感。黃侃用中年的一個夢「確證」了自己的人生，隱喻性地解釋了自己的命運，包括他的學術歷程、他的自我肯定以及克服內心的恐懼和來自家庭與社會的壓力。由於傳主的「夢」往往是事後的敘述，它所帶給傳主的「深層真實」的感覺更可能是一種基於現實問題而產生的「幻覺」，由此，我們對「夢」的解析所帶來的觸摸傳主「深層真實」的感覺也可能是一種關於幻覺的「幻覺」。

　　恩格斯最早提出了「歷史合力論」。他認為，歷史是這樣創造的：

　　　　最終的結果總是從許多單個的意志的相互衝突中產生出來的，而其中每一個意志，又是由於許多特殊的生活條件，才成為它所成為的那樣。這樣就有無數互相交錯的力量，有無數個力的平行四邊形，由此就產生出一個合力，即歷史結果，而這個結果又可以看作一個作為整體的、不自覺地和不自主地起著作用的力量的產物。因為任何一個人的願望都會受到任何另一個人的妨礙，而最後出現的結果就是誰都沒有希望過的事物。所以到目前為止的歷史總是像一

〔註8〕精神分析學認為，力比多是一種本能，是一種力量，是人的心理現象發生的驅動力。

種自然過程一樣地進行，而且實質上也是服從於同一運動規律的。但是，各個人的意志——其中的每一個都希望得到他的體質和外部的、歸根到底是經濟的情況（或是他個人的，或是一般社會性的）使他嚮往的東西——雖然都達不到自己的願望，而是融合爲一個總的平均數，一個總的合力，然而從這一事實中決不應作出結論說，這些意志等於零。相反地，每個意志都對合力有所貢獻，因而是包括在這個合力裏面的。〔註9〕

據此而論，即便是開倒車，黃侃對歷史也發揮了自己的作用。在新派的嘲諷聲中，黃侃堅持到底，確乎頑冥不化。現在看來卻別有一番意味，正是應該得到稱頌的韌性。新舊之爭本來就是新派建構起來的超級神話，成爲他們的革命話語體系中的一條紅線，而黃侃在 1920 年所寫《國學厄林付刊感題》一詩中予以解構：

新舊本來無定相，是非何用苦相爭？要從言象筌蹄外，盡泯人吾正負名。惠子多方成駁道，田巴高拱謝洪聲。誰能悟徹寰中理，一任天鈞運兩行。

梧臺燕石裏重綈，敝帚千金理亦齊。道術終爲天下裂，民情本自古來迷。妄心各類蠅鑽紙，曲說誰防蟻潰堤？百慮殊途特相齒，何妨東向不知西。〔註10〕

黃侃「悟徹寰中理」，像田巴一樣閉嘴不談。而新派妄心不改，乘機宣稱他們取得了全面的勝利，殊不知他們抹殺了中國的傳統文化，一步倒退過洪荒了！

「就歷史的發展而言，自由主義者與激進者向來就是國際主義分子」〔註11〕，而保守主義者向來就是民族主義或國家主義分子。在次生外發性現代化國家、民族的知識分子群體中，持文化保守主義立場的，較之持自由主義或激進主義立場的，無論就其陣容的強弱或文化素養的高下來講，都佔有明顯的優勢。這樣的社會集團，正是社會有意識的傳統文化維繫的基本力量。〔註12〕黃侃作爲文化保守主義者，在這場不可避免的文化衝突中發揮了獨特的作

〔註9〕《馬克思恩格斯選集》第 4 卷，人民出版社 1995 年版，第 697 頁。

〔註10〕《國學厄林》1920 年第 1 卷。

〔註11〕〔英〕湯林森：《文化帝國主義》，馮建三譯，上海人民出版社 1999 年版，第 132 頁。

〔註12〕何曉明：《返本與開新》，商務印書館 2006 年版，第 28 頁。

用，確有其歷史必然性和合理性。黃侃並非一味守舊、復古，但從根本上講，「統攝其心魄的是美好的過去」。〔註13〕在這種心態下，他很難充分認識現代化的意義。在全球化時代，哪裏能夠「一任天鈞運兩行」？胡適之看到「適者生存，不適者淘汰」的大趨勢，立馬將名字改爲「適之」，不論到何處去（「胡適之」的死譯），目的就是爲了生存。在胡適看來，黃侃顯然屬於「不適者」，難以逃脫被淘汰的命運。

二、「國故之魂」：本書的基調

　　有學者認爲：「白話文運動成爲中國社會向現代轉變的一種有力催化劑。沒有白話文運動，就談不上現代國民教育，更談不上推廣義務教育。而這正是國家現代化的起手工作。沒有白話文，就不能有大眾傳播事業的發展，就不可能吸引千百萬人民積極參與社會生活，就談不上社會民主化的進程。同樣地，沒有白話文的通行，任何科學技術的普及應用和群眾性的破除迷信，包括對鬼神的迷信，對於古教條的迷信，以及對活人的權威的迷信也都無從談起。」〔註14〕這種論調過分地誇大白話文運動的歷史功績，沒有認識到它的負面影響（即對雅文化的破壞），也帶有很大的片面性。我們並不完全否認白話文運動的功勞，但也應該注意到它的消極影響。雅俗也好，新舊也好，都是相對的，甚至是可以相互轉化的。哪有一強調新就要破除舊、突出俗就消滅雅的道理？難道爲了大眾文化就可以不要精英文化嗎？難道爲了下層文化就可以不要上層文化嗎？難道爲了現代化就非得要置傳統文化於死地而後快嗎？長期以來，特別是自五四以來，形成了一種二元對立的、非此即彼的、僵化的思維模式。爲了恢復民族自信，激發民族智慧，我們必須重新認識以陳獨秀、胡適、錢玄同等人爲代表的文化激進主義，與此同時，我們也必須重新認識黃侃、梁漱溟等人爲代表的文化保守主義。龐樸先生說得好：「中國文化保守主義，或者稱之爲中國的傳統和儒學，在現代化的刺激下和全球化衝擊中，爲我們中國人挺立民族主體性和文化主體性，提供了必須的、可行的維度和思想文化空間。人們對傳統和儒學的重視，表明了中國思想界的自覺和成熟。至於前景，不容樂觀。我們批判打倒傳統和儒學，用了 50 年的時

〔註13〕〔美〕愛德華・希爾斯：《論傳統》，傅鏗、呂樂譯，上海人民出版社 1991 年版，第 280 頁。

〔註14〕耿雲志：《胡適新論》，湖南出版社 1996 年版，第 24 頁。

間。重新建設它，則恐怕需要更長的時間。」〔註15〕

在20世紀前期，黃侃在辛亥革命前後曾經發生過重要影響，成爲舊民族主義革命的先驅者之一。他後來轉向學術，堅守文化本位立場，反對白話文，反對新文化，反對注音字母，反對廢除漢字，甚至反對使用新方法，未免過於守舊。他曾經諄諄告誡及門弟子：「今值中國學術轉變之交，學者宜注意三點：一、盡廢時人之書；二、不事目錄之學；三、緩言參考之說。學問不必在於分類，有形之物，固不可並；無形之理，亦何可泥？但求其大體而已。」〔註16〕在一個急遽變化的時期，他沒有與時俱進。長江後浪推前浪，世上新人趕舊人，他被逐出北京大學這一新文化的發源地。他的守舊固然出於天性，但也不是毫無意義。其意義就在於，他的思想可以成爲過激派的一種解毒劑。一邊倒並非是好事。

在狂瀾四起之際，總要有人挺身而出，挽狂瀾於既倒，扶大廈於將傾。黃侃當時的境遇相當尷尬，也很被動，但他一直堅持他的學術主張，扛起國故的大旗，絕學傳薪，殷勤傳學，弟子四五傳，培養了一大批國學傳人，成爲名副其實的國故之魂。黃侃在思想史上難免受到嘲諷，但他在文學史、學術史乃至文化史上還是有一席之地的。近代以降，那些思想史上的巨人往往是學術史上的侏儒；而思想史上的矮子往往是學術史上的巨匠。現在一般沒有將黃侃列入思想家的行列，但是在學問家的隊列裏卻無法抹掉他。有人把他與章太炎、劉師培並稱民國三大國學大師，不是沒有道理的。百花洲文藝出版社在20世紀90年代推出的《國學大師叢書》，原來準備爲30位現代國學大師樹碑立傳，黃侃是其中的重要一員。〔註17〕在新文化成爲強勢力量並控制了學術話語體系之後，作爲對立面的黃侃長期處於不利地位，被批判，被否定，被打壓，被嘲諷，被妖魔化，〔註18〕被污名化。後來形勢發生逆轉，

〔註15〕 佚名：《「文化相對主義」與儒家復興——訪〈甲申文化宣言〉參與者龐樸先生》，原載《外灘畫報》，轉引自「薛潤冰的博客」http://blog.sina.com.cn/lichaohexie，訪問時間2018年6月16日23點15分。

〔註16〕 黃席群、閔孝吉記：《量守廬請業記》。今按：這是絕對保守的搞法，未免誤導學生，其法絕不可取。豈能盡廢時人之書？豈能不事目錄之學？豈能緩言參考之說？果如是，則無法入門矣。

〔註17〕 原來約請北京師範大學王某撰寫《黃侃評傳》，最後沒有成稿，造成了黃侃名落孫山的假象。武漢大學於某亦欲撰寫《黃侃評傳》，始終未見。

〔註18〕 1934年錢玄同和周作人打油詩有云「腐心桐選誅邪鬼，切齒綱倫打毒蛇」。後來改爲「推翻桐選驅邪鬼，打倒綱倫斬毒蛇」。公開將桐城派與文選派並稱爲「邪鬼」，在推翻之列。

他又被肯定，被歌頌，被吹捧，被神化。在大力復興傳統文化的今天，我們應該平心靜氣地研究他，既不搞庸俗的神化，也不搞酷烈的批判，而是實事求是地剖析，是者是之，非者非之。誠如知名歷史學教授姜義華先生所說：「無論是章太炎，還是黃侃、但燾、汪東，包括其他許多作者，先前都曾是非常激進的革命者，都飽經社會激烈變革風暴的洗禮，對中國歷史和社會實際都有更深入的體認，對東西各國各種思潮、學說的內涵以及它們移植於中國所產生的問題，都在不斷進行反省。秉持對中國文化的深切認知，他們發出了不同於流俗的別樣聲音。這是在革命大潮中跌打滾爬出來的思想者痛定思痛發出的沉重的呼喚，它呼喚對自己的文明、自己的文化、自己的歷史資源不要一筆抹殺，它呼喚要從中國實際出發探索走中國自己的路。文化的主體性如何在傳承性與現代性、民族性與世界性的衝突和融合中真正得到堅守、提升，這是一個歷史性的嚴肅課題。章太炎們的努力，恐怕都不是一個簡單化的文化保守主義就能概括的。」〔註 19〕新派人物僅用一個「開倒車」是難以讓人信服的。

三、精神分析：他山之石

本書在最初設計時採用的結構是傳統傳記的模式。在寫作過半之後，閱讀了一些現代傳記的理論著作與相關作品，特別是閱讀了趙山奎教授的《精神分析與西方現代傳記》一書之後，開始調整為從精神分析的視角切入，對於原來的框架架構做了一些局部的調整，並在相關部分使用了精神分析的方法重新解釋傳主的行為。

黃侃是一個捉摸不透的「怪人」。〔註 20〕他的語言、行為都讓人疑惑，他會一下子非常興奮，滔滔不絕地高談闊論、手舞足蹈地跟人聊天，比誰都神采奕奕，但沒有過多久，他就會突然嚎啕大哭起來。他說話、做事莫名其妙，與常人、常規的做法不一樣：他會在上課時把教室四面牆上寫得滿滿的；他會在朋友家的牆上寫滿鬼字；他會因為一言不合毆打朋友；他會因為一本書一時找不到就懷疑是身邊的人偷走了；他會因為別人不小心踩了他一腳而大

〔註 19〕　姜義華：《重談〈華國月刊〉》，載上海書店出版社 2017 年影印本《華國月刊》卷首。

〔註 20〕　朱祖延《閒見錄》之「三怪」條：「劉師培（申叔）、黃侃（季剛）、林損（公鐸），性皆乖僻，居北平，人目為『三怪』。」見《朱祖延集》，崇文書局 2011年版，第 595 頁。

發雷霆；他會對學生說好像要發生地震了，自己一個人匆匆逃離課堂，引得學生四處逃命，結果把教室的門窗都擠壞了；他一會兒把朋友罵得狗血淋頭，一會兒又給人家獻詩。總之，他的一生複雜多變，性情乖戾，奇奇怪怪。因為他的性格、行為方式極其脆弱。他生不逢時——那是一個急劇動盪的亂世，生存不易，發展更難，壓力比山大，所以他出現了種種心理問題。他的一生始終處在巨大的焦慮（對生命的焦慮與對名聲的焦慮）之中，雖然活了 50 歲，其實他始終是一個沒有長大的孩子，他的行為很難用傳統的方式解釋清楚。「他山之石，可以攻玉。」經過我們的反覆摸索與比較，終於發現——精神分析不失為一種較好的他山之石。按照弗洛伊德的說法，黃侃的怪異都是「力比多」惹的禍，一切心理疾病的根源都在於力比多沒有得到合理的發展。明乎此，傳主的童年壓抑、心理障礙、身份認同、生命焦慮、人生主題、個人神話、人格分裂，諸如此類，皆可迎刃而解。開宗明義，或可收立竿見影之效。

為了說明問題，先從《精神分析與西方現代傳記》一書節錄幾段有關精神分析的筆記：

> 傳記家不能將自己眼光拘禁在狹小瑣碎的細節之中，傳記家要力求發現傳主的「個人神話」亦即他深層的自我認同，或他的隱秘的「人生主題」。這一神話常常是「高度個人性的，並且幾乎總是和一種關於自我的意義感以及在社會和世界中找到自己的位置的需要相關聯」，在公眾形象之面具的背後是「隱蔽的私人自我神話——指引一個人生的自我觀念與自我的私人夢想」。一旦掌握了傳主的「個人神話」，現代傳記家就獲得了透視傳主人生的中心視角，它能夠賦予凌亂不堪的傳記材料以某種相對統一的意義，這一神話能夠引導我們穿越現代檔案的迷宮。〔註21〕

> 與古代傳記相比，現代傳記的一個重大變化就是對「解釋」的日益重視，在這一背景下，某些理論家卻走過了頭，反過來對於傳記的「事實」一反常態地加以貶抑。他們聲稱，在「意義與闡釋」問題面前，「對於方法、有效性、可靠性、普遍性以及相關的傳記方法的理論問題的關注必須讓路」；傳記以及建構傳記的方法「都是文

〔註21〕趙山奎：《精神分析與西方現代傳記》，中國社會科學出版社 2010 年版，第 150 頁。

學的產品。傳記是任意的建構物，受時代文化寫作實踐的約束」。我們承認傳記以及建構傳記的方法是「受時代文化寫作實踐的約束」的，比如現代傳記就在很大程度上受到精神分析模式這一「時代文化寫作實踐」的約束，但這不意味傳記家就可以忽略甚至蔑視傳記對於「眞實性」的追求，可以無視傳記的歷史學屬性而「任意建構」和解釋傳主的人生。顯然，某些學者對傳記解釋傾向的重視走向了消解傳記的「眞實性」這一極端。這除了與他們自身的理論偏見與盲點緊密相關之外，還與現代傳記實踐尤其是那些應用精神分析方法對傳記解釋的傾向的不斷強化緊密相關。〔註22〕

爲避免理論包括精神分析理論成爲限制、遮蔽傳記家解釋視野、扭曲甚至「創造」事實的異化性力量，傳記家應該有能力突破具體的理論框架和關於人性的現成觀念，立足於事實，從總體上對傳主的人性和人格眞實做出富有原創性的揭示。正如艾德爾所言，「每一個生命都有自己的形式，一個傳記家一定要找到能夠表現這一生命形式的理想而獨特的文學形式」，傳記家一定要重視「在一個生命中發現原初性東西的洞察力以及表現這一生命原初性的技巧的重要性」，對於精神分析，傳記家的主要任務就是獲得洞察力，理解傳主的動機，而後他就「必須像精神分析從未存在過一樣寫作」。〔註23〕

由於人的動機，這一點由於精神分析對無意識動機的揭示更加顯然了。安德烈·莫洛亞詳細地探討了常被傳記家作爲「證據」的日記、書信、文學作品以及同時代人的回憶之後也不得不對其「不確定性」表示了無奈：「我們一再地被迫接受這一想法：沒有一種傳記眞實是嚴格科學性的，我們被迫擁有的是一種心理想像性的資料，並且，在許多情況下，一個特定事件的眞實性是無法確定的。」〔註24〕

〔註22〕趙山奎：《精神分析與西方現代傳記》，中國社會科學出版社 2010 年版，第 158 頁。

〔註23〕趙山奎：《精神分析與西方現代傳記》，中國社會科學出版社 2010 年版，第 167 ～168 頁。

〔註24〕趙山奎：《精神分析與西方現代傳記》，中國社會科學出版社 2010 年版，第 69 頁。

　　卡爾・普萊奇將預期中的傳主對於未來傳記家的這類控制看做是他們人生整體構想的一部分，他進而將其稱之為「自傳式人生」，其中就可能包含著一些虛假的自我理解和神話，對此傳記家要加以辨析，才能揭示其中的真實意義。〔註25〕

　　所有這些對於傳記事實不確定性的揭示（這種揭示本身包含了精神分析的視野）毋寧被看做是傳記事實在新的理論視野中所獲得的更深入的理解而不是消解，傳記家所面臨的是一個挑戰而不是一場災難。對傳記作者和自傳作者來說，所有這些「後現代」的挑戰只是意味著這一理解：「不存在一個可以使我們看得清楚而客觀，可以使我們站在外部『認識』傳主的安全視角。」而切入到傳主人格與心理的內部正是現代傳記的一大特徵，現代傳記追求「深度解釋」也正是出於對這一外部的「安全視角」的有意放棄。無疑，這使傳記家面臨更大的考驗，現代傳記家所面臨的傳主形象似乎比以往任何時候都更複雜了。我們承認，追求這一深度的、複雜的真實是艱難的，不啻於「靈魂的歷險」，但我們同時也認為，「真實性」是傳記的靈魂，在傳記的合法性受到挑戰的時候，只有對其「真實性」的捍衛才能夠「拯救」它。斯賓諾莎說，通向認識真實（「知自身、知神、知物」）的道路「確實艱難無疑」，但「假若拯救之事近在手邊，不費許多勞力可以求得，如何會幾乎被所有人等閒忽略？不過一切高貴的事都是極稀有同樣也是艱難的。」他的話令人心動，發人深省。〔註26〕

　　精神分析方法對傳記寫作的介入可以說是「理性方法」在 20世紀對傳記領域的最大規模的「入侵」——精神分析理論重視人物的無意識動機和深層衝突，並且常常把這種衝突的根源歸結到童年期性的衝突和壓抑——接受精神分析的傳記家將傳記寫作看成是認識人性秘密的機會，為表現人性的複雜，他們往往著眼於人的深層動機、隱秘欲念及病態心理，因此往往使用那些傳統傳記家所不願

〔註25〕趙山奎：《精神分析與西方現代傳記》，中國社會科學出版社 2010 年版，第 170 頁。
〔註26〕趙山奎：《精神分析與西方現代傳記》，中國社會科學出版社 2010 年版，第 170 ～172 頁。

或不屑使用的且常常涉及傳主隱私的材料。對此，批評家劉易斯・蒙福德指出，在精神分析理論的引導下，現代傳記家有一種剝去傳主「道德面具」的欲望。〔註27〕

由此書引發，我們進一步閱讀弗洛伊德、榮格等人的文集，閱讀羅鳳禮、蕭延中主編的《心理傳記學譯叢》，閱讀楊正潤的《現代傳記學》與《現代傳記研究》（連續出版學術刊物），翻閱了大量的心理學書籍，從而更加堅信，精神分析是一把打開黃侃精神世界的鑰匙。筆者從事黃侃生平的研究已逾 30 年，現在又細緻地用精神分析的方法將他從頭到尾梳理了一遍，驚奇地發現——沒有誰比黃侃更適合使用精神分析的方法。這對於我們絕對是一個意外的驚喜！

復旦大學中文系朱文華教授早在 1993 年就指出：

> 把現代心理學（尤其是精神分析學說）的內容和方法引入傳記寫作，本身有它的相當的合理性。因爲根據近代心理學理論，人性是不斷變化的，它是許多矛盾性格的綜合表現，同時個人的性格又是由他人眼中看出來的東西，依觀察者情況的不同，往往只能表現性格的一個側面。精神分析學說又認爲，人的意識之外還有潛意識，這對於人的行爲影響與意識一樣，也起很大的作用，甚至人的許多重大成就都是早年被壓抑的性欲的昇華。據此，傳記寫作就可以從各個方面，從各種矛盾的瑣碎事實出發，去揭示、發掘、表現傳主的複雜的、眞實的、活生生的內心世界和性格特徵，從而打破舊的傳記中常常出現的弊病：從認爲人性是不變的和單純的觀點出發，而刻板地抓住傳主的某些表象的性格特徵，然後選擇其「相符」的事實來作證實，由此把活生生的傳主演繹成了一具塑像。〔註28〕

也有論者對此發表折衷的看法：「我個人覺得一個傳記家，對現代心理學的發展必須要有起碼的認識，利用心理分析學，而不應該被心理分析學所利用。總之，傳記家與心理分析學之間最好維持柏拉圖式的關係，把她當作精神上的朋友，偶而參考她，但不必與她結合在一起。」〔註 29〕正反兩方面的

〔註27〕趙山奎：《精神分析與西方現代傳記》，中國社會科學出版社 2010 年版，第 190 頁。

〔註28〕朱文華：《傳記通論》，復旦大學出版社 1993 年版，第 67 頁。

〔註29〕林衡哲：《傳記文學精選集・序》，《傳記文學精選集》，臺北志文出版社 1974 年版。

意見對於我們都頗具啓發意義。一個傳記家也好，一個現代心理學家也好，乃至每一個心智成熟的人，都應該嘗試寫一種傳記，他傳或者自傳都行，通過解剖他人，或者解剖自己，才能認識歷史與現實、社會與人生，才能明心見性，也才能走向眞正意義上的健康與成熟。

在近代以降的中國學術文化史上，黃侃無疑是一個「孽類」。對他的認識歷來就出現兩極分化的趨勢，或把他吹捧爲五百年一見的天才，或把他貶斥爲可笑的瘋子。他的感覺、思維方式同我們絕大多數人都不同，都很怪，遠遠偏離了一般人。根據筆者長期對他的研究，總體上可以將黃侃定爲天才一類，但從心理學的方面觀察，也明顯存在心理方面的異常特徵（以下刪去四千餘字）。

本來每個人的情感狀態都是豐富多彩的，喜怒哀樂是情緒的變奏曲。但黃侃的精神狀況與常人常態相去甚遠。他同時代的人士多把他視爲「神經病」「瘋子」，似乎過於簡單化，且將他完全打入另冊。在他最後十年，正值國難當頭，他通過他的詩歌宣洩了心中的憤懣，應該說是一種最好的自我療治。他自己也說過，他的病是心病。心病當然要用心理治療。言爲心聲，書爲心畫。他寫詩、寫字、讀書、作文，每天的功課就是最好的療治。他後來還關注宋明理學，從理學家那裡吸取智慧，不斷檢討得失，加強修養，調整心態，取得了一定的效果。1934 年 7 月 30 日，得枕上思養生法八字，曰：閒（不可生事）、靜（不可喧擾）、和（心無忿怒）、適（衣食調節）、整（室器有秩）、潔（按時灑掃）、謹（言行無患）、儉（不輕應酬）。從黃侃「養生法」來看，他對自己的病症是有所瞭解的。閒、靜、和、謹四字尤爲對症下藥。他的自控力差，定力不夠強，可惜至死他也沒有完全遵守自己的「養生法」。

有一位作家說過：「科學、藝術和哲學創作使極少數異常性格的天才或卓越人物身上的巨大能量有了發洩的口子；如果他們不去創造。他們有可能會發瘋或犯罪。他們之所以沒有成爲罪犯或精神分裂症患者，是因爲他們成了科學家、藝術家和哲學家。」〔註30〕普倫特基（R.A.Prentky）1980 年出過一部書《創造力和精神病理學》（Creativityand Psychoathology）。他堅決主張用精神分裂症的診斷方法去分析諸如波德萊爾、法拉第和牛頓這樣一些天才。對此我們亦深表贊同。

〔註30〕趙鑫珊：《天才與瘋子》，江西人民出版社 2007 年版，第 5 頁。趙氏認爲：「天才的創作和精神錯亂有同樣的大腦解剖學和腦化學築構源。」當然這一假說需要證明。

　　理論視野的拓展有利於提升書稿的品質與品位。儘管如此，我們仍然不想將此書寫成一本現代傳記。本書仍然以傳統傳記爲主體，以精神分析作爲輔助手段，適當增加一點現代傳記的理論色彩，畫龍點睛，修飾包裝，如此而已。

　　黃侃生前不像梁啓超、胡適、沈從文那樣寫過完整的自述或自傳，很少有自述性質的文字，我們不得不從他的詩詞中尋覓其雪泥鴻爪，考辨其心跡與行蹤。如此一來，我們不得不大量引用其詩詞歌賦，這樣難免就有些臃腫。別無良法，我們儘量避免過於繁瑣，選擇有趣味的故事，力爭寫得引人入勝。